EFEITO
1%

CARO(A) LEITOR(A),
Queremos saber sua opinião
sobre nossos livros.
Após a leitura, curta-nos no
facebook.com/editoragentebr,
siga-nos no TikTok **@EditoraGente** e
no Instagram **@editoragente**
e visite-nos no site
www.editoragente.com.br.
Cadastre-se e contribua com sugestões,
críticas ou elogios.

RAQUEL COUTTO

EFEITO 1%

Como pequenas ações executadas geram grandes transformações na vida

Gente
AUTORIDADE

Diretora
Rosely Boschini

Gerente Editorial Sênior
Rosângela de Araujo Pinheiro Barbosa

Editora Pleno
Rafaella Carrilho

Assistente Editorial
Mariá Moritz Tomazoni

Produção Gráfica
Leandro Kulaif

Pesquisa e Edição de Conteúdo
Joyce Moisés

Edição de Texto
Giulia Molina Frost

Preparação
Andréa Bruno

Capa
Joyce Matos

Projeto Gráfico
Márcia Matos
Joyce Matos

Diagramação
Joyce Matos

Revisão
Flávio Alfonso Jr.
Algo Novo Editorial

Impressão
Santa Marta

Copyright © 2025 by Raquel Coutto
Todos os direitos desta edição
são reservados à Editora Gente.
R. Dep. Lacerda Franco, 300 - Pinheiros
São Paulo, SP - CEP 05418-000
Telefone: (11) 3670-2500
Site: www.editoragente.com.br
E-mail: gente@editoragente.com.br

Dados Internacionais de Catalogação na Publicação (CIP)
Angélica Ilacqua CRB-8/7057

Coutto, Raquel

Efeito 1% : como pequenas ações executadas geram grandes transformações na vida / Raquel Coutto. - São Paulo : Autoridade, 2025.
160 p.

Bibliografia
ISBN 978-65-6107-051-5

1. Desenvolvimento profissional I. Título

25-0976   CDD 158.1

Índices para catálogo sistemático:
1. Desenvolvimento pessoal

NOTA DA PUBLISHER

Vivemos em uma era em que, apesar do excesso de estímulos, muitas pessoas se sentem paradas, presas a uma rotina que não entrega os resultados que desejam – nem para a vida pessoal, nem para a carreira. O tempo passa, os sonhos ficam mais distantes e a vontade de mudar vira frustração. E quando finalmente decidimos agir, nos vemos diante de metas gigantescas, que parecem inalcançáveis, ou perdemos fôlego no meio do caminho.

Raquel Coutto chegou até mim com uma proposta simples, poderosa e extremamente transformadora: ajudar o leitor a sair da estagnação com o que ela chama de Efeito 1%. E o mais impressionante é que seu método não exige revoluções nem viradas drásticas – mas sim movimentos consistentes, diários e intencionais que, com o tempo, se acumulam e conduzem a resultados surpreendentes.

Essa obra mostra que você não precisa esperar o cenário ideal, nem depender de motivação ou de sorte. O que você precisa é de decisão, consciência e uma boa estratégia – e tudo isso Raquel entrega com generosidade, lucidez e, acima de tudo, com verdade. Seu olhar como mentora comportamental é preciso, e sua trajetória pessoal comprova que a transformação é possível, desde que você escolha agir.

A cada capítulo, Raquel destrava um novo patamar de autoconhecimento, clareza e execução. Ao final da leitura, você será capaz de identificar suas barreiras internas, assumir responsabilidade pelas suas decisões, e finalmente assumir o papel de protagonista da sua história. *Efeito 1%* é um plano de ação realista para quem quer sair da teoria e construir, na prática, uma vida com mais realização e consistência.

Embarque nessa jornada de transformação e abrace o poder das pequenas ações diárias: são elas que levarão você ao seu próximo nível!

ROSELY BOSCHINI
CEO e Publisher da Editora Gente

Aos meus pais, pelo amor e pelo apoio
que me formaram para a vida.

E a você, leitor, que decidiu dar o primeiro passo
para construir uma nova trajetória. Que o Efeito 1%
esteja presente em cada uma de suas escolhas.

AGRADE-CIMENTOS

Nenhuma grande conquista acontece sozinha. Este livro é fruto de um sonho, do apoio, do incentivo e da confiança de pessoas incríveis que, de alguma forma, fizeram parte dessa jornada.

À **Rosey Boschini**, da Editora Gente, por acreditar no potencial deste projeto e abrir portas para que ele pudesse alcançar ainda mais pessoas. Sua confiança fez toda a diferença.

Ao **Paulo Vieira**, por ser uma referência de transformação e, com tanta generosidade, aceitar escrever o prefácio deste livro. Sua visão e liderança inspiram milhares de pessoas, e sou imensamente grata por suas palavras e por seu apoio nesta caminhada.

Ao **Arthur Rufino**, pela generosidade em compartilhar sua trajetória na escrita de seu livro e por me conectar à Editora Gente. Seu direcionamento inicial foi essencial para que este projeto tomasse forma.

À **Joyce Moysés**, que mergulhou comigo nessa construção e transformou ideias em palavras com tanta dedicação e sensibilidade.

Sua habilidade de dar forma à mensagem deste livro foi essencial para que ele chegasse até aqui.

À **equipe da Editora Gente**, pelo profissionalismo e pela dedicação em cada etapa deste processo. Desde a edição, revisão e diagramação até a produção final, cada detalhe reflete o compromisso de vocês em levar conhecimento e transformação aos leitores. Obrigada por todo o cuidado e empenho.

E a todos os leitores, que escolhem, a cada dia, dar um passo a mais rumo ao seu crescimento. Este livro é para vocês.

SUMÁRIO

PREFÁCIO **15**

INTRODUÇÃO **18**

CAPÍTULO 1
QUAL RESULTADO VOCÊ QUER ATINGIR EM CINCO ANOS? **26**

CAPÍTULO 2
O ÓBVIO QUE NÃO ESTAMOS VENDO........................ **40**

CAPÍTULO 3
QUEM EXECUTA, CONQUISTA **56**

CAPÍTULO 4
PASSO 1 – ANÁLISE: RECONHEÇA-SE PELA SUA HISTÓRIA **64**

CAPÍTULO 5
PASSO 2 – AFIRMAÇÃO: ASSUMA SUAS BARREIRAS PARA DECIDIR COMO ENFRENTÁ-LAS... **76**

CAPÍTULO 6
PASSO 3 – APRENDIZADOS: HABILITE-SE PARA FAZER ACONTECER **100**

CAPÍTULO 7
PASSO 4 – AÇÕES: EXPLORE O PODER DO 1% COM PERSISTÊNCIA **112**

CAPÍTULO 8
PASSO 5 – APOIO: CRIE UMA REDE DE SUPORTE **124**

CAPÍTULO 9
PASSO 6 – AJUSTES: REVISE E VALORIZE AS CONQUISTAS....... **138**

CAPÍTULO 10
SURPREENDA-SE COM SEU AVANÇO......................... **148**

CONCLUSÃO
TODO DIA É DIA DE CELEBRAR A VIDA **156**

PREFÁCIO

A vida sempre nos apresenta escolhas. Algumas parecem pequenas, insignificantes; outras carregam um peso maior, determinando o rumo da nossa história. E, por mais que tentemos ignorar, toda decisão tem uma consequência. A questão é: você está consciente das escolhas que faz todos os dias? Ou está apenas reagindo ao que a vida lhe impõe?

Imagine que, neste exato momento, você está diante de uma bifurcação. De um lado, está o caminho da inércia, no qual você segue no piloto automático, repetindo padrões que o fizeram fracassar ou ser mediano. Um caminho de frustração, de metas não alcançadas, de sonhos adiados. Do outro, um caminho novo e desafiador: o da transformação. A cada dia, uma pequena mudança. A cada escolha certa, um passo rumo ao extraordinário.

Qual caminho você escolhe seguir?

Se você está com este livro em mãos, imagino que tenha optado pela segunda opção. Afinal, fomos criados para a abundância. Como vemos em João 10:10: "O ladrão vem apenas para roubar, matar e destruir; eu vim para que tenham vida, e a tenham plenamente". Queremos uma vida plena, próspera e feliz. Mas o que queremos racionalmente nem sempre condiz com nossas escolhas diárias. Nos sabotamos, adiamos, toleramos o que nos prende. Quantas vezes você começou algo, mas parou no meio do caminho?

Olhando para trás, vejo milhares de pessoas vivendo muito abaixo do que poderiam. Elas querem mudar, mas não sabem por onde começar. Querem vencer, mas estão presas em desculpas, crenças limitantes e hábitos que as aprisionam. E a verdade é uma só: não é falta de capacidade; é falta de um método eficiente. Sem clareza e direção, a pessoa continua paralisada.

E é nesse ponto que entra em ação um dos maiores inimigos da realização: a zona de conforto, que não escolhe classe social, idade nem história de vida. Está enraizada em um ponto muito mais profundo: a forma como interpretamos o mundo. Nossa mentalidade determina nossos resultados. Nossas crenças definem nossos limites. Se você quer uma nova vida, comece por uma nova mente.

Mudar a mentalidade exige foco, disciplina e um método comprovado para reprogramar suas crenças. É um processo de fortalecimento da identidade, da capacidade e do merecimento. Quando você entende isso, a transformação se torna inevitável. E o melhor: ela acontece rápido. O tempo não é o problema. O problema é a falta de comprometimento.

Agora, preste atenção: mudar não significa se sobrecarregar. A pressão por transformação instantânea só gera ansiedade e desistência. É por isso que o Efeito 1%, criado por Raquel Coutto, é tão poderoso. Pequenos ajustes diários geram mudanças extraordinárias ao longo do tempo. A autora entendeu isso e criou um caminho claro para a evolução contínua. Sua experiência como treinadora e estrategista comportamental a levou a um entendimento profundo sobre o que realmente funciona na transformação pessoal.

Ela ensina que o segredo não está em grandes revoluções, mas na constância de pequenas melhorias. A cada capítulo, você será guiado de maneira estruturada e prática ao longo dessa jornada. A leitura flui tão bem que parece que Raquel está ao seu lado, pegando na sua mão e mostrando cada passo do processo.

Por isso, este livro é um manual para quem deseja sair da intenção e alcançar a execução. Para quem está cansado de só desejar e quer, de uma vez por todas, agir. Aqui você encontrará um método claro, direto e eficiente para transformar a realidade e desbloquear seu verdadeiro potencial.

Chegou a hora. A sua vida extraordinária está esperando, mas ela só acontece para quem escolhe agir.

Você está pronto?

Excelente leitura, e que sua jornada de transformação comece agora.

PAULO VIEIRA
Mastercoach, presidente da Febracis e autor best-seller

INTRODUÇÃO

Transformar sua mentalidade é fundamental para que você consiga transformar sua vida. E eu estou aqui para guiar você nessa jornada poderosa. Todos nós temos crenças e padrões de pensamentos que podem nos limitar, contaminando o que sentimos e afetando nossa capacidade de (re)ação diante dos desafios. Consequentemente, objetivos e sonhos parecem distantes… ou até inatingíveis. A boa notícia é que a vida não precisa ser assim e, melhor ainda, é você quem está no controle. Mude o rumo dessa história, assim como um dia eu decidi mudar!

Você sabia que a mudança começa na sua mente? Pois é. Eu busquei formas de desenvolver uma mentalidade forte para romper diversas barreiras e conquistar meus sonhos. E hoje ajudo outras pessoas a desbloquearem seu potencial por meio de pequenas mudanças diárias que, somadas, trazem resultados extraordinários. O poder do Efeito 1% – tema central da minha vida, trabalho e estudo – consiste em entender que a mentalidade é o motor da ação.

CADA MOVIMENTO CONSCIENTE, POR MENOR QUE PAREÇA, É UM PASSO EM DIREÇÃO À AUTOPERFORMANCE E AO SUCESSO NOS SEUS OBJETIVOS PESSOAIS E PROFISSIONAIS. ENTÃO, O QUE VOCÊ ESTÁ ESPERANDO? O MOMENTO DE ABRAÇAR A MUDANÇA É AGORA! VOCÊ PODE

ACELERAR SEU PROGRESSO CONVERTENDO PENSAMENTOS EM PEQUENOS E CONTÍNUOS PLANOS DE AÇÃO, EXECUTANDO UM POUCO A CADA DIA.

E, é claro, terei o maior prazer em acompanhar você nessa jornada. Sou mineira, nascida em 1978, treinadora, mentora e estrategista comportamental. Minha missão é ajudar você a tirar da mente o que vem travando seu crescimento, a fim de abrir novos caminhos, gerar oportunidades de sucesso e evoluir nos seus relacionamentos e projetos. Um dos meus lemas é: se eu consegui passar por uma transformação interior, que detalharei já nos primeiros capítulos, e continuo me aprimorando a cada dia, qualquer pessoa consegue, desde que realmente queira, aja e persista.

Tenho compromisso com a excelência e a transformação humana e digo que sou a prova de que temos o poder de criar uma história sustentável de vitórias e com qualidade de vida. O método que aplico, o Efeito 1%, também já ajudou vários mentoreados meus a revolucionar a história deles (prometo contar alguns *cases*). Eu o desenvolvi em seis passos principais – Análise, Afirmação, Aprendizados, Ações, Apoio e Ajustes – e dedicarei um capítulo para explicar cada um, compartilhando reflexões e exercícios práticos para ajudar você a aplicar meu método no seu dia a dia. Com essa experiência, desejo que pense: *Caramba, preciso começar a usar urgentemente meu potencial!*, sentindo raiva por não ter feito isso antes. A decisão é sua! O poder é seu!

VOCÊ PODE TRABALHAR POR VOCÊ

Meu propósito é provocar você a sair da inércia e entrar em movimento. Como? Acreditando verdadeiramente na sua capacidade e assumindo o papel de CEO da própria vida, responsabilizando-se pelos resultados que colhe e caminhando na direção do que realmente deseja. Para mim, é muito claro que todas as pessoas precisam fazer um pouco todos os dias, de maneira madura, sem depender de motivação. Ninguém sai nadando ou correndo longas distâncias de repente, concorda? Torço para que você queira muito evoluir como pessoa em todos os aspectos da sua vida, e que tenha disposição, força mental e atitude para cumprir essa vontade.

"Eu sei disso tudo" é algo que escuto com frequência. Só que saber e não fazer tem o mesmo efeito de não saber. Conhecimento é poder apenas se for aplicado, experimentado, vivenciado. Do contrário, é uma informação que vai se perdendo com o tempo. Saber o caminho a ser percorrido é diferente de efetivamente percorrê-lo e, infelizmente, percebo uma atmosfera de acomodação no meu país. Vejo muitos brasileiros desiludidos, preferindo pensar "Deixa a vida me levar" ou então "O pouco que eu faço está bom".

Espera aí, ninguém veio a este mundo para brincar em um parque de diversões. Eu garanto que você está aqui por um motivo muito maior do que imagina. Reconheço que vivemos em um ambiente de incertezas econômicas, divergências políticas, desigualdade social gritante, além de sofrermos os impactos de sucessivas crises no exterior. Só que, na minha percepção, dizer que isso está levando as pessoas à desilusão e acomodação é uma das várias desculpas que elas usam para não voltar à sua essência e fazer o que precisam fazer por si mesmas, usando sua resiliência e capacidade de adaptação.

Nosso país é relativamente jovem, está em desenvolvimento, tem dimensões continentais e sempre encarou altos e baixos. Parafraseando o genial artista Tom Jobim, "o Brasil não é para principiantes".[1] Em vez de esperar que os problemas desapareçam, é melhor mudar a maneira como você lida com eles. Dificuldades externas sempre existiram, e este livro vai dar um choque de realidade de que sua realização precisa vir do seu íntimo, independentemente de governos, empregadores, familiares etc. Saúde mental é um tema bastante debatido atualmente, e será abordado já no capítulo 1. Por ora, adianto o segundo dos meus lemas: você pode trabalhar você.

Um dos diferenciais deste livro é dar uma nova consciência. Afinal, muitos nem reconhecem que estão na zona de conforto, com sua mentalidade trabalhando contra si. Para trazer esse despertar, estudei com afinco neurossemântica e metacoaching com o dr. Michael Hall, que é PhD em Psicologia Cognitivo-Comportamental e *trainer* internacional em Programação Neurolinguística (PNL). Antes, me formei em Administração e Direito, cursei duas pós-graduações, um MBA e fiz cursos com o estrategista de vida e negócios Tony Robbins.

Também tive o prazer de auxiliar o dr. Hall em treinamentos na Noruega e nas Ilhas Maurício, e com ele compreendi a importância de trabalharmos com os metaestados, que se manifestam como "um estado sobre outro estado". Isso porque estamos sempre em processo de pensamento sobre pensamento, que gera sentimento sobre sentimento, e assim sucessivamente. Por isso, precisamos aprender a encontrar significados que elevem nossos pensamentos, puxando para cima também aquilo que sentimos – ou seja, ambos os fatores moldam o comportamento, que passa a ser diferente.

Por anos, meu foco foi o mundo corporativo, até que expandi meu trabalho para todos que, mesmo se sentindo perdidos ou inseguros,

---

1 JOBIM, T. *In*: PENSADOR. Disponível em: www.pensador.com/frase/ODkw/. Acesso em: 3 fev. 2025.

topam se transformar, entendendo que a autoestima não é condicionada àquilo que temos ou vestimos. Com o método Efeito 1%, quero que você evoque seu poder, enxergue seu valor e se abasteça de autoconfiança para planejar sua evolução e colocar esse plano em prática, entrando em um ciclo de autoperformance que nunca para e sempre se repete, a partir de patamares cada vez melhores.

É AGORA. E NÓS VAMOS VOAR JUNTOS

Você está pronto para transformar cada pequeno passo em uma vitória significativa? Eu entendo se você tiver essa vontade e, ao mesmo tempo, medo. Certa vez, durante uma viagem, o guia turístico comentou que era possível saltar de paraquedas naquela cidade. Sem pensar muito, falei que era um desejo antigo. Então o guia agendou um salto duplo com um experiente instrutor e me levou. Com o coração na mão, vesti a roupa apropriada, entrei no avião e...

Na hora H, travei o pé na parede interna da aeronave e não queria soltar de jeito nenhum. Ouvia o instrutor dizer: "É agora, precisamos pular! *Solta!*". Em segundos, estávamos no ar experimentando aquela sensação maravilhosa de liberdade. O que havia mudado? Eu decidi cumprir com a minha palavra, já que manifestei essa vontade e topei o desafio. Enquanto isso, o instrutor agiu destravando meu pé com o dele, em uma manobra rápida bem conhecida por rasteira, que, naquele caso, foi para o bem.

A experiência foi linda, inesquecível, divertida, e me faz pensar que *a gente pode tantas coisas!* Em nenhum momento veio na minha mente algo negativo, e sim que eu merecia aproveitar o que havia desejado e buscado. Tenho fotos no ar, mandando beijinhos para o fotógrafo, que me lembram de que precisamos dominar o medo se quisermos fazer diferente. E que também precisamos buscar um instrutor competente, que nos ajude a fazer aquilo de que sentimos vontade, mesmo que isso signifique soltar os pés que, de alguma forma, nos prendem.

Agora é a hora, vamos juntos.

O MOMENTO DE ABRAÇAR A MUDANÇA É AGORA!

EFEITO 1%
@RAQUELCOUTOH

1
QUAL RESULTADO VOCÊ QUER ATINGIR EM CINCO ANOS?

> *"Há uma qualidade de que não podemos nos eximir para vencer: a clareza de propósitos, o conhecimento do que queremos e um desejo ardente de obtê-lo."*
>
> NAPOLEON HILL[2]

Quando inicio a mentoria para mudanças que levarão as pessoas à realização de seus objetivos, nós nos apresentamos. Falamos um pouco sobre quem somos e o que fazemos. A conversa flui bem, até que faço a pergunta fundamental: "O que você deseja alcançar nos próximos cinco anos?".

Na maioria das vezes, percebo um ponto de interrogação no rosto da pessoa, falta de clareza e de convicção na fala, além de pontos negativos nas respostas. Por exemplo, alguém que está infeliz no emprego costuma dizer algo como "Não quero mais trabalhar ali, não suporto mais fazer isso". Quem tem hábitos prejudiciais, como fumar, em vez de responder que pretende ter mais saúde, acaba destacando os próprios vícios ("Ah, não quero mais fumar"). O problema dessa

---

[2] HILL, N. *In:* TRACY, B. **Metas:** como conquistar tudo o que você deseja mais rápido do que jamais imaginou. Rio de Janeiro: BestSeller, 2005.

abordagem é que o cérebro humano não lê e não compreende a palavra "não" no início da frase.

VOCÊ SABIA QUE USAR VOCÁBULOS NEGATIVOS NO INÍCIO DE UMA FALA ACABA PROVOCANDO O EFEITO CONTRÁRIO, OU SEJA, JUSTAMENTE O COMPORTAMENTO QUE SE QUER EVITAR?

Uma das lições básicas da Programação Neurolinguística (PNL) é que o "não", por si só, não indica nada; o cérebro se fixa no que vem depois dessa palavra abstrata.

Vamos exercitar?
Não pense em uma bola vermelha.
Com certeza, você pensou em uma bola vermelha.

Se eu digo que não quero mais fumar, estou transmitindo um comando contrário (pois pode haver um desejo inconsciente de continuar fumando). Isso acaba levando para dentro de mim a mensagem de que eu quero fumar. Desse modo, não direciono a mente para o futuro que desejo, como ter mais saúde, viver mais, usar o dinheiro do cigarro para outro tipo de prazer ou abraçar meu filho livre do cheiro da nicotina. Da mesma forma, no caso de um emprego que traz infelicidade, reforço o oposto do que adoraria fazer, que é mudar de empresa ou até fazer uma transição de carreira, só precisando encontrar e dar o direcionamento certo para essa questão.

Vejo muitas pessoas com dificuldade em expressar aquilo que realmente desejam por não ter essa clareza ou por carregar alguma "trava" adquirida no passado – como medo e insegurança – que as impede de se movimentar. Como resultado, enganam a si mesmas, criando histórias para justificar sua estagnação. Ao serem provocadas a refletir sobre o que desejam alcançar nos próximos cinco anos, o mais provável é que saibam dizer o que não querem, demonstrando que não enxergam com objetividade o que sonham em atingir – nem agora, nem quando se projetam anos à frente.

ORA, SE NÃO TENHO CLAREZA SOBRE O PRESENTE E NÃO SEI PROJETAR MEU FUTURO, CONCORDA QUE NÃO CONSIGO DIRECIONAR CORRETAMENTE MINHA MENTE? E ASSIM VACILO EM TER AÇÕES ASSERTIVAS.

Pode acontecer o que a obra *Alice no País das Maravilhas*, escrita um século e meio atrás pelo brilhante Lewis Carroll, já alertava: qualquer coisa que é me dada, eu vou receber.

Pense comigo: quando alguém não tem um projeto de vida, não quer muito algo a ponto de agir para conquistar aquilo, fica vulnerável e propenso a seguir o plano de outra pessoa (alguém com boa ou má--fé, que gosta de mim ou me manipula), por não saber quais decisões precisa tomar. Assim, vai apenas seguindo-a, querendo ou não, muitas vezes por caminhos que nunca desejou. Nem todos percebem isso. Até que chegam aos 50 anos e se queixam: "*Putz*, quis tantas coisas e realizei tão pouco". Se resisto a traçar um plano com clareza do que desejo (e temos mais clareza quando conseguimos visualizar a cena de maneira nítida e com emoção), fico no mesmíssimo lugar e permito que a sociedade, a empresa em que trabalho e quem me cerca me direcionem para onde (e o que) querem.

É importante deixar claro que não basta apenas pensar: é preciso integrar o pensamento ao sentimento, que é real, e trazer esse combo para o Efeito 1%, fazendo o necessário para conquistar o que deseja. Falar é uma coisa, sentir é outra, e há o risco de se autossabotar na hora de agir. O resultado pode ser pífio pela falta de alinhamento entre pensar, sentir e agir. Perco a chance de tomar as rédeas do meu desejo porque minha mentalidade não cresceu a ponto de integrar as emoções e as ações de maneira coerente. Para ilustrar, lembremos da atleta estadunidense Simone Biles, que, nos Jogos Olímpicos de Tóquio, surpreendeu o mundo ao ter a coragem de parar para se realinhar integralmente, retornando mais preparada para a competição de Paris.

ATENÇÃO, BLOQUEIO EMOCIONAL À FRENTE

Quanto menos clareza sobre o que se quer, mais fragilizada fica a mente e sua integração com o sentir e o fazer, o que resulta em uma grande onda de problemas psicoemocionais. O transtorno de ansiedade é um dos mais intensos e comuns, característico de pessoas que vivem esperando que algo aconteça – algo que, na maioria das vezes, nunca se concretizará. Elas projetam dificuldades – muito mais do que soluções –, repetindo e antecipando, com angústia, aquilo que estão projetando. Um dos resultados dessa preocupação excessiva e generalizada é bloquear a mente para agir.

Estados de ansiedade frequentes podem, inclusive, evoluir para pânico, fobia social, agorafobia e depressão, além de causar um alto grau de sofrimento ao corpo, favorecendo o desenvolvimento de doenças crônicas, como diabetes. Coração acelerado, nervosismo, insônia, falta de ar, suor frio, oscilações de humor e um medo que parece dominar tudo são alguns dos sintomas que exigem cuidado do próprio ansioso e que se tornaram tema de discussão em várias esferas, como a empresarial, pois os adoecimentos mentais estão crescendo e se tornando uma das principais fontes de incapacitações do nosso século.

FALAR É UMA COISA, SENTIR É OUTRA, E HÁ O RISCO DE SE AUTOSSABOTAR NA HORA DE AGIR.

EFEITO 1%
@RAQUELCOUTOH

Basta lembrar que o Brasil tem hoje a população mais ansiosa do mundo e a quinta mais depressiva,[3] segundo a Organização Mundial da Saúde (OMS). A ansiedade afeta um terço (31,6%) dos jovens de 18 a 24 anos, enquanto a depressão atinge quase 13%, de acordo com o Covitel 2023 (Inquérito Telefônico de Fatores de Risco para Doenças Crônicas Não Transmissíveis em Tempos de Pandemia). Ou seja, cuidar da saúde mental nunca foi tão urgente.

Mesmo que a ansiedade não assuma contornos patológicos sérios, conviver com a sensação de não conseguir sair do lugar, ficando apenas na vontade de mudar, abre espaço para várias outras emoções desagradáveis, que variam conforme a história de cada um. Se não tenho o poder de dizer o que eu quero, posso passar pela vida insatisfeito com a rotina tediosa, sentindo solidão mesmo estando em um relacionamento amoroso, com vontade exagerada de comer, beber, rolar a tela do celular ou ficar largado no sofá.

Tudo isso vai surgindo e só cresce em quem está com a mentalidade frágil, na esteira de uma sensação de impotência por achar que os dias passam tão rapidamente que mal dá tempo de sobreviver. E aí seu foco vai para aquilo que não traz resultado. A vida vira uma loucura, porque, de repente, vem aquela pressão de precisar fazer "mil coisas" em uma hora. E, não sabendo como fazer, pela falta de autodirecionamento, essa pressão eleva o estresse à décima potência. Faz sentido para você?

---

3   ROCHA, L. Mais de 26% dos brasileiros têm diagnóstico de ansiedade, diz estudo. **CNN Brasil**, 29 jun. 2023. Disponível em: www.cnnbrasil.com.br/saude/mais-de-26-dos-brasileiros-tem-diagnostico-de-ansiedade-diz-estudo. Acesso em: 7 set. 2024.

Vamos exercitar?
Agora é sua vez:
O que você deseja alcançar nos próximos cinco anos?

ESTAGNAÇÃO E SEUS REFLEXOS

Ao fazer o exercício anterior, talvez você perceba que tem menos clareza sobre seu futuro do que imaginava e note que está vivendo uma escassez de conquistas de objetivos e sonhos por causa disso. Nesse momento, você tem duas opções à sua frente: 1) continuar na zona de conforto; ou 2) mover-se dali, sabendo que precisará correr riscos. Talvez você pense: *Será que vale a pena eu me arriscar? Me arriscar para quê, se o que vale a pena é difícil, doloroso, e eu não sou tão forte quanto pareço?!*

Com esse e outros pensamentos que nos fragilizam, o resultado só pode ser um: estagnação. Infelizmente, muitas pessoas ainda pensam constantemente assim e vão se conformando com as poucas vitórias que conquistam na vida. E, pior, caem em um ciclo de querer quebrar a barreira da insatisfação consigo mesmas e com o mundo, buscando novas experiências e oportunidades, sem se movimentar. Ou, quando dão um passo ali e outro aqui, o fazem sem estratégia.

O que muitos não percebem é que acabam presos em uma gangorra, dizendo que querem "tentar" (palavra que excluí do meu dicionário e incentivo todos a fazer o mesmo), e depois acabam desanimando, conformados em levar uma vida medíocre e sem perspectiva, nunca experienciando o que é crescer e se desenvolver no âmbito pessoal e profissional. Nesse cenário, fica fácil adotar outro comportamento comum nos dias de hoje: o de procrastinar.

Será que você também costuma ficar adiando o primeiro passo para implementar ou fazer o que precisa ser feito? Ou até mesmo ignora esse passo por acreditar que é muito pouco, focando algo grande demais e travando? É possível que sim, se na sua mente passarem as seguintes ideias autossabotadoras.

- "É um processo longo demais para quem gosta de resultados rápidos."
- "É um processo difícil demais para quem tem uma rotina confortável."
- "É um processo solitário demais para quem se acostumou a ser orientado pelos outros."
- "É um processo cansativo demais para quem desconhece a palavra 'disciplina'."
- Nenhuma das anteriores, porém precisaria passar primeiro pelo processo de convencimento de que é capaz de mudar e de que é merecedor de conquistar sonhos.

Saiba que rever esse tipo de mentalidade pode ser libertador. Que tal se livrar desses conflitos internos que mantêm você em uma engrenagem de sonhar sem sair do lugar?

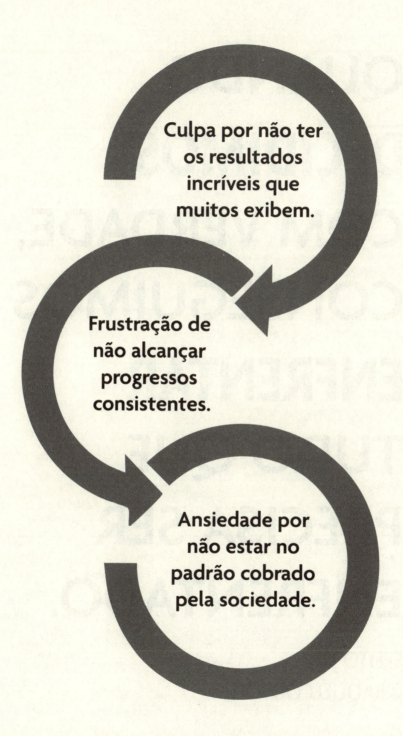

QUANDO DECIDIMOS COM VERDADE, CONSEGUIMOS ENFRENTAR TUDO QUE PRECISA SER ENFRENTADO.

EFEITO 1%
@RAQUELCOUTOH

Pode ser que você esteja enfrentando dificuldades em manter a consistência e a disciplina necessárias para executar tarefas que precisam ser feitas. A boa notícia é que, quando decidimos com verdade, conseguimos enfrentar tudo que precisa ser enfrentado. Digo por experiência própria, pois minha história pessoal foi marcada por dificuldades psicoemocionais decorrentes de uma mentalidade frágil. A seguir, compartilho um resumo da minha infância e adolescência.

Garota tímida e sonhadora

Prepare-se para a vida real. Fui uma criança que cresceu sem amigos e com dificuldade de relacionamento. Tinha pouca habilidade para me comunicar e me posicionar. Temia o olhar e o julgamento dos outros. Pensar que o que eles eram (ou tinham) era melhor do que eu era (ou tinha) me levava a copiar os colegas e a anular minha autenticidade.

O que eu sabia fazer bem era estudar, talvez com a intenção de esconder a dor do vazio por acreditar que não era aceita. Pelo menos era assim que eu pensava enquanto levantava muros de timidez e insegurança que me afastavam das pessoas. A disciplina e a consistência como aluna eram a maneira de obter o reconhecimento e a aceitação dos meus pais também, e de aliviar a culpa em relação ao dinheiro que eles gastavam comigo, que era batalhado. Explico.

Nasci em Santo Antônio do Monte, uma cidade com 30 mil habitantes no centro-oeste de Minas Gerais. Meu pai desde jovem trabalhava com vendas e tem paixão por fazenda, gado, plantações... despertando o mesmo interesse em meus dois irmãos mais velhos. Tornou-se empresário e sempre contou com o apoio de minha mãe, professora aposentada, em seus negócios. Ambos foram e continuam sendo referências para mim da importância do esforço e de aproveitar as boas oportunidades da vida, com vontade e dedicação.

Eu também tinha um lado bom: era uma menina sonhadora, queria ver muito além do que minha cidade natal me proporcionava. Sonhava em conhecer o mundo e mirei a capital mineira como primeiro degrau. Depois de auxiliar nos negócios dos meus pais desde os 9 anos, aos 14 anos os convenci a me mandarem para uma escola conceituada em Belo Horizonte. Fui morar com uma colega da minha cidade que também havia passado na prova. Três meses depois, meu pai comprou um apartamento um pouco mais longe da escola – me exigindo uma boa caminhada diária – e contratou uma pessoa adulta para cuidar da casa e de mim. Ela tinha de me levar de ônibus para passar os fins de semana com eles, em Santo Antônio do Monte.

Por ter sido criada em uma família de hábitos simples e em uma cidade pequena do interior, eu me vestia e conversava de maneira diferente dos outros alunos. Conclusão: sofri *bullying* e passava a maior parte do tempo sozinha. Demorei para fazer amizades, sentia vergonha de estar ali. No primeiro ano morando em Belo Horizonte, minha vida se resumia a estudar e tirar notas boas.

Quando comecei a passear e perceber como era viver em uma capital, tinha 17 anos e perdi o foco. Passei a beber e sair durante a semana. Ia sonolenta às aulas, sem condições de aprender. O medo de ser julgada me dominava, assim como eu julgava a todos como errados, sentindo-me a sofredora, a vítima por tudo que me acontecia. Concluí o ensino médio, entrei na faculdade de Administração de Empresas e fiz uma pausa para estudar inglês na Inglaterra, a fim de ampliar meus horizontes.

Enquanto eu tinha um pouco mais de noção da imensidão do mundo em que vivemos, busquei reagir às dificuldades que me assombraram na infância e adolescência. Havia causas dentro de mim que compreendi mais tarde, e prometo aprofundá-las no próximo capítulo.

2

O ÓBVIO QUE NÃO ESTAMOS VENDO

> *"A coisa mais difícil é a decisão de agir, o resto é apenas tenacidade."*
>
> AMELIA EARHART[4]

Ao longo da minha jornada, percebi que somos como um navio: quando deixamos entrar aquilo que nos polui mental e emocionalmente, corremos o risco de afundar. Imagine reviver constantemente um pensamento negativo ou acumular vários, um em cima do outro, gerando sentimentos igualmente negativos! Seria como a água que entra no navio, de pouquinho em pouquinho, até que domina todo o espaço. E, muitas vezes, é exatamente isso que fazemos com as situações mal resolvidas dentro de nós.

Para nos libertarmos do que nos sobrecarrega, trava e corrói, e resolvermos conflitos internos, permitindo que nosso navio siga em frente, precisamos encarar o óbvio que não estamos vendo ou que não *queremos* ver e, por isso, ignoramos. Eu me refiro às causas desses pensamentos e sentimentos que nos enfraquecem, impedindo-nos de focar aquilo que precisamos fazer. Até quando vamos abrir espaço – e,

---

4 EARHART, A. *In:* PENSADOR. Disponível em: www.pensador.com/frase/MTkyNDUwNA/. Acesso em: 3 fev. 2025.

pior, no lugar da alegria da conquista – para a dor da frustração por não conseguirmos escapar da estagnação e seus reflexos?

Essa frustração constante parece impregnar quem entrou em um círculo vicioso de falta de ação. A consequência é ter menos resultados ainda e acreditar menos em si. Esse processo, ao ser reforçado pelas causas que aprofundaremos aqui, intensifica a sensação de não haver saída, de ser impossível romper barreiras para poder conquistar sonhos. Até quando?

É certo que, quando uma pessoa não sabe o que quer, ela não vai se concentrar no que interessa. Tudo parece disperso, e esclarecer o que leva a essa situação é mais do que necessário para criar uma nova consciência. As causas são inúmeras, então selecionei seis bem comuns. Antes, faço uma ressalva: uma pode levar à outra, ou várias podem se entrelaçar, exigindo cuidado redobrado. Vamos ao óbvio que não estamos vendo?

1. JULGAMENTOS EM EXCESSO

Esta primeira causa tem muito a ver com minha história, pois já tive muito medo do julgamento dos outros e me julgava inferior, quando, na verdade, era eu que precisava me aceitar e fortalecer minha essência (detalho essa tomada de consciência na conclusão deste capítulo). Sim, existe uma autocrítica impiedosa, e um medo de como seremos vistos e avaliados por familiares, amigos, colegas de trabalho, clientes, seguidores etc. Sendo próprios ou dos outros, internos ou externos, julgamentos em excesso atrapalham demais a construção de uma mentalidade forte. E isso acontece principalmente quando você...

- **se projeta** no que o outro é e faz – passando a se balizar por histórias, referências e vontades alheias às suas;

- **se compara** com o que o outro está fazendo – especialmente se ele é experiente nisso e você está só começando;
- **se preocupa** em agradar aos outros – e faz tudo em busca de aprovação, e não por você.

O excesso de julgamento leva ao perfeccionismo, à idealização da perfeição, e você passa a não admitir o erro, deixando de se jogar em algo por inteiro. A autocobrança pode ir à estratosfera. Além dessa maldade consigo mesmo, há a comparação com os outros, olhando a grama do vizinho sem considerar tudo o que ele trilhou. Você está no início e quer alcançar o mesmo resultado de alguém que já passou por muitas coisas? Isso, naturalmente, gera frustração.

COMPARAR-SE CONSTANTEMENTE COM OS OUTROS TENDE A INTENSIFICAR A AUTOCRÍTICA, TORNANDO-A BEM MAIS NEGATIVA DO QUE É.

Infelizmente, a impaciência impera na sociedade atual e é reforçada nas interações digitais. O que mais vemos são pessoas querendo resultados quase instantâneos, e, quando eles não vêm na velocidade desejada, atolam-se em pensamentos e sentimentos que levam à desistência. É comum se julgar e repetir para si mesmo que não é capaz. É muito mais fácil apenas se frustrar do que ter a persistência e a disciplina para fazer acontecer ou a paciência de cultivar e desenvolver as habilidades para virar esse jogo. Faz sentido para você?

O excesso de julgamento pode ser uma "herança" de muita cobrança na educação escolar e/ou familiar para ser nota dez em tudo e mais um pouco... Essa criança aprendeu a se esforçar para mostrar que era a

COMPARAR-SE CONSTANTEMENTE COM OS OUTROS TENDE A INTENSIFICAR A AUTOCRÍTICA, TORNANDO-A BEM MAIS NEGATIVA DO QUE É.

EFEITO 1%
@RAQUELCOUTOH

melhor da turma e, quando falhava nesse tipo de aprovação, duvidava de si mesma. Quantos filhos não fazem algo para receber a atenção e o carinho dos pais? Na vida adulta, repetem esse padrão de cobrança e julgamento. É natural do ser humano buscar reconhecimento. No filme *Avatar*,[5] os personagens expressam amor e conexão com o outro dizendo "*I see you*", que significa "Eu vejo você, eu te reconheço".

Em excesso, você anula seus sonhos por causa dessa necessidade de ser visto e notado. Também vai perdendo sua identidade ao moldar comportamentos e pontos de vista conforme a opinião alheia. Pisa em ovos e enche a cabeça de dúvidas e inseguranças. E tudo isso dificulta enxergar com clareza o que quer na essência e, mais ainda, trilhar o caminho correto para alcançar esse objetivo. É um tal de "Espera aí, eu tenho que arrumar o meu...", enquanto quem tem mentalidade forte pensa "Cuide do seu e deixe que eu cuido do meu". A vida poderia ficar muito mais leve sem esse peso do julgamento, não acha?

Vamos supor que eu lhe conte um sonho meu, ou poste nas redes sociais, e você desaprove. Como desejo tanto sua aprovação e não tenho clareza do que quero, não vou em frente. Mudo de sonho – talvez para o seu. Complemento e reforço aqui que as redes sociais potencializam os julgamentos por meio da comparação e intensificam a sensação de inadequação. As pessoas mostram apenas o lado bonito da vida, dando a falsa impressão de que não sofrem, não enfrentam dificuldades... Isso pode levar seus seguidores a ter pensamentos negativos como "Minha vida não é nada perto da delas".

---

5 AVATAR. Direção: James Cameron. Estados Unidos: 20th Century Fox, 2009. *Vídeo* (162 min).

Vamos exercitar?
Puxe da memória quantas vezes, no último ano, você deixou de fazer algo por causa dos outros. E quantas vezes fez algo apenas para buscar a aprovação de alguém. Escreva ou digite essas situações e, depois, analise se o grande motivador foi o medo de julgamentos e, se sim, de qual(is) pessoa(s) em específico.

2. COMUNICAÇÃO INTERNA CORROSIVA

A todo momento, você se comunica consigo mesmo. Basta lembrar que está sempre pensando em algo. O alerta é para os pensamentos negativos, muitos vindos dos julgamentos em excesso, que fazem aquela vozinha interna repetir "eu sempre erro", "isso é difícil", "o que estou querendo é impossível". Essa comunicação interna também está ligada às histórias que a pessoa conta a si mesma e aos significados que atribui a elas. Alguém que costuma se vitimizar, por exemplo, tende a repetir que a culpa é dos outros por tudo que acontece e se atormenta com a pergunta "Por que eu?". Com esse tipo de conversa íntima, fica mais difícil se levantar e se movimentar para transformar a própria realidade.

UMA COMUNICAÇÃO INTERNA DESAJUSTADA, DISFUNCIONAL, COM HISTÓRIAS CONTADAS E REPETIDAS O TEMPO INTEIRO POR UM VIÉS NEGATIVO, VAI NOS MATANDO POR DENTRO.

Como o autor canadense T. Harv Eker já disse: "Se você não está crescendo, está morrendo".[6] Assim são as plantas, que precisam de

---

6 EKER, T. H. **Os segredos da mente milionária**: aprenda a enriquecer mudando seus conceitos sobre o dinheiro e adotando os hábitos das pessoas bem-sucedidas. Rio de Janeiro: Sextante, 2006.

cuidado constante. Assim somos nós. Quando a pessoa não para com essa comunicação interna corrosiva, começa a afastar outras ao redor, que não querem ser contagiadas. Ou ela própria se afasta, por se sentir incompreendida. E a solidão, além de doer como uma ferida aberta, dificulta ter uma rede de apoio para a realização de sonhos.

3. ROTINAS AGITADAS

A falta de tempo e a correria do dia a dia costumam servir de justificativa quando as pessoas priorizam rotinas conhecidas e convenientes, estimulando círculos viciosos de distração, ansiedade e estresse e desestimulando a formação de hábitos mais saudáveis. Para pesquisar o que os brasileiros deixam de lado ao entrar em modo acelerado, a cervejaria Eisenbahn e o Instituto Datafolha entrevistaram mais de 1,5 mil pessoas acima de 18 anos, de todas as regiões do Brasil e com acesso à internet.[7] Os resultados foram surpreendentes: 82% gostariam de se dedicar mais às atividades que consideram importantes. Um terço declarou viver no automático, enquanto um quarto afirmou realizar tarefas sem prestar atenção total a elas. No grupo de 25 a 34 anos, quase metade (44%) afirmou não ter tempo para cuidar da saúde.

Você também tem a sensação de que o relógio acelerou e acha que isso está complicando sua vida? Vou dar um passo atrás. Por falta de clareza do que quer (ou precisa ser feito), muita gente não sabe direcionar seu foco para o resultado que almeja. Assim, permite se deixar levar por tudo que acontece ao redor. Por exemplo, sente dificuldade de dizer "não" àquilo que deveria recusar. Perde a noção do tempo nas redes sociais. Deixa de se posicionar diante da chefia ou

---

7   MODO acelerado: a relação do brasileiro com o tempo. **Eisenbahn.** Disponível em: www.eisenbahn.com.br/modoacelerado. Acesso em: 7 out. 2024.

de clientes na hora de negociar prazos. Desperdiça tempo e energia e ainda se queixa: "*Pô, acabou o dia, não fiz nada*". E, com isso, a ansiedade só aumenta.

Quem se torna refém de uma rotina agitada não se organizou para cumprir o que pretende e acaba tendo que se virar no pouco tempo disponível. E assim fica tudo corrido mesmo. É geralmente a saúde, incluindo a mental, que fica em segundo plano, apesar de ela ser a base fundamental para todo o resto. Sem essa consciência, o mais comum é priorizar as questões de trabalho, família e os outros, sem conseguir reservar nem ao menos uma horinha para o autocuidado e para recarregar as próprias baterias. Então me diga: sem se colocar como protagonista da sua vida, como vai realizar seus sonhos? E como terá vitalidade para trilhar o caminho necessário?

4. AMBIENTE DESFAVORÁVEL

O ambiente é muito importante, pois molda as pessoas. Suponha que você aceite o convite de um grupo que bebe quase todos os dias. No primeiro dia, diz "Ah, não bebo" e ouve um "Por quê? Só um pouquinho... Vamos brindar!". Depois de algumas saídas, é provável que você acabe bebendo, talvez mais que os outros, para se integrar ao grupo, pertencer, ser aceito. Usei o exemplo da bebida, embora essa situação ocorra e se repita em diversas esferas, como fofoca ou pessimismo crônico.

> **SE NÃO SEI O QUE QUERO, COMO VOU PERCEBER SE DETERMINADO AMBIENTE É FAVORÁVEL OU NÃO AO MEU OBJETIVO?**

Sem a consciência de que meu direcionamento é diferente, insisto em permanecer onde estou e, de repente, passo a pensar e agir como as outras pessoas. Ou seja, o ambiente desfavorável me leva a fazer ou a interagir de modo desfavorável também, quanto mais permaneço nele. E podem ser ambientes familiares, de trabalho, de vizinhança, de amizades, religioso... qualquer um que me faça pensar coisas negativas, sugue minha energia, me contagie com maus hábitos e crenças sabotadoras.

5. CRENÇAS SABOTADORAS

A atitude mental com que encaramos a vida é um fator decisivo para que todo o nosso potencial seja explorado, como bem explica Carol Dweck, professora de Psicologia da Universidade Stanford, em seu livro *Mindset*.[8] Ela alerta que um dos pontos da mentalidade fraca é a crença que muitas pessoas têm de que as habilidades – como liderança, criatividade, falar em público – são natas. Alguns nascem com elas; outros podem desenvolvê-las, treiná-las. Entretanto, quem vem de um ambiente que reforça a ideia de que só é possível fazer algo se for um talento inato tende a acreditar nisso e carrega essa mentalidade fixa e imutável, o que dificulta seu progresso. Isso também ocorre com a crença, geralmente formada no ambiente em que a pessoa passa a infância e a adolescência, de que "eu nasci pobre, então vou morrer pobre". Você simplesmente acredita que é dessa forma, e ponto-final.

A verdade é que, para muitas coisas que você acha que não faz (e nunca fará) bem, você antes recebeu estímulos e imposições de que as

---

[8] DWECK, C. **Mindset**: a nova psicologia do sucesso. Rio de Janeiro: Objetiva, 2017.

coisas eram desse jeito e nada poderia ser feito. A própria sociedade martela uma porção de histórias capazes de limitar seus voos, e sua mente entende que é assim. Quando alguém decide romper com o que vem sendo contado e começa a fazer diferente, é visto como um doido e, às vezes, deixa de ser aceito dentro daquele núcleo social, simplesmente por questionar o *statu quo*.

Crenças sabotadoras funcionam como travas mentais. O medo do fracasso é uma trava que impede as pessoas de seguir em frente e pode ser desencadeado pela crença de não merecimento, que é muito forte. O que acontece? Quando a pessoa tem uma crença negativa sobre algo, enxerga no seu interior menos potencial, menos recursos. A consequência disso é ter menos ação, acreditar cada vez menos, não buscar apoio nem alternativas para alcançar o que gostaria. E o resultado, quando não é atingido, reforça o quê? As crenças de que não é boa o suficiente, de que não tem sorte, de que ninguém ajuda, e por aí vai.

6. PROMESSAS VAGAS

Vou logo ao exemplo: "Quero ganhar bem" é diferente de "Quero ganhar 50 mil reais por mês". Simplesmente por trazer um número, facilita enxergar o alvo. O que não é medido não é gerenciável. Sendo assim, dizer algo de maneira generalista dificulta traçar um plano de ação e identificar as lacunas que você precisa preencher para melhorar e chegar lá.

Às vezes, além de sermos generalistas, fazemos promessas que são inviáveis. Por exemplo, você quer fazer um ano sabático, só que não se preparou financeiramente para isso. Ou quer emagrecer sem especificar quais hábitos vai mudar.

CRENÇAS SABOTADORAS FUNCIONAM COMO TRAVAS MENTAIS.

EFEITO 1%
@RAQUELCOUTOH

SEM ESPECIFICAR, NÃO HAVERÁ UM DIRECIONAMENTO CORRETO. VOCÊ SIMPLESMENTE NÃO SABERÁ QUAL É A SEQUÊNCIA DE ATITUDES QUE PRECISA TOMAR.

Encarar um grande desafio, sem dividi-lo em pequenas etapas, também facilita a desistência. Imagine ter o sonho de participar de uma maratona e não conseguir correr 5 quilômetros sem ficar com a língua de fora. Você pode até se programar... para daqui a dois anos. Ao especificar um prazo, faz todo um projeto de sequência de desenvolvimento, de preparação para correr os 42,195 quilômetros, que é a distância oficial de uma maratona. Em compensação, se ficar com uma promessa vaga, você não avança. Aí aumentam os pensamentos negativos que enfraquecem sua mentalidade.

Trabalhar menos, praticar atividade física, viajar mais, visitar a família, mudar de emprego, engravidar, comprar uma casa, comer melhor... Por que apenas 8% das pessoas atingem suas resoluções de Ano-Novo?[9] Para os pesquisadores da Universidade de Scranton, no estado da Pensilvânia, nos Estados Unidos, um dos motivos é dar mais valor às recompensas imediatas do que às futuras, o que dificulta resistir às tentações momentâneas. Eu complemento que, na maioria das vezes, são promessas vagas de quem não tem clareza daquilo que realmente quer e pelo que vai batalhar. Isso pode mudar.

---

9   IGLESIAS, M. Promessas de Ano Novo: apenas 8% das pessoas concretizam o que planejaram. **Inteligência Financeira**, 15 jan. 2024. Disponível em: https://inteligenciafinanceira.com.br/financas/planejamento-financeiro/promessas-de-ano-novo. Acesso em: 21 set. 2024.

Falta de aceitação comigo mesma

Você já sabe que eu gostava de estudar. Mesmo assim, as aulas de Português se tornaram meu "terror" após ouvir de uma professora que eu não sabia escrever, que meus textos eram ruins, e acreditar nisso. Eu tinha uns 10 anos e, dali em diante, me retraí, temendo escrever por causa de julgamentos e críticas que poderiam vir. Também me lembro da primeira rejeição que recebi de maneira tão explicita. Em uma apresentação em grupo, representávamos uma escolinha, e a colega que fazia o papel de professora dava, no fim da aula, um bombom para cada aluno. Na minha vez de receber, ela disse "Para você, não". Engoli em seco, e outra garota se aproximou me oferecendo o bombom dela. Recusei, acreditando não merecer.

Outra crença sabotadora que adquiri foi quando meus pais, pensando estar me ensinando o valor das coisas, me contaram que o par de tênis que eu usava custava o salário que um funcionário deles recebia para sustentar a família por um mês. A comparação trouxe culpa para minha relação com dinheiro por muitos anos, como se fosse errado tê-lo.

Situações como essas ficaram marcadas na minha mente, até que ganhei consciência de que precisava olhar mais para as situações positivas da minha história. Uma das melhores é a lembrança da família inglesa que me hospedou carinhosamente por oito meses em Londres. Foi a realização de um sonho aprender a falar inglês fluentemente. Eu tinha completado 18 anos quando convenci meu pai a me proporcionar uma temporada em outro país para estudar a língua. Em 1998, fui a primeira pessoa de Santo Antônio do Monte a encarar esse tipo de experiência. Era minha primeira viagem para o exterior e a segunda de avião.

Primeiro, fui para a cidade de Brighton. Em pouco tempo, impliquei com tudo e me mudei para Londres. Em uma folga das aulas, aproveitei para conhecer outros países da Europa. Quanta novidade! Sou grata aos meus pais por me permitirem ter um pouco mais de noção da imensidão do mundo em que vivemos. Eu havia embarcado acima do peso e engordei mais. Então, quando retornei no Brasil, em junho de 1999, emagreci 18 quilos, retomei a faculdade e lá conheci meu primeiro marido.

Aos 21 anos, já estava casada; e, dois anos e meio depois, separada – um absurdo para muitos da minha cidade natal. Nessa época, já cursava Direito e, durante o estágio em uma multinacional, conheci meu segundo marido. Foram cinco anos de relacionamento e muito crescimento pessoal. Aprendi com ele, entre várias coisas, a importância de assumir uma postura de enfrentamento, em vez de conformidade, com os conflitos internos e externos. Hoje enxergo que era superciumenta, que queria controlar tudo, e fui me anulando, ficando agressiva... Sofri, chorei, sorri, amei, até que resolvi buscar a Raquel sonhadora de volta para construir uma jornada diferente.

Fui para Santo Antônio do Monte trabalhar na empresa de fogos de artifício da família. Durante dois anos, adquiri alguma experiência profissional, até mesmo para decidir qual caminho seguir. Nessa busca por autoconhecimento, já de volta a Belo Horizonte, fiz um curso de coaching e pedi para auxiliar uma colega do curso de Administração nos treinamentos de equipes que ela fazia, a fim de aprender mais. A partir daí, fiz mais cursos e cheguei aos do dr. Michael Hall, que me ensinou muito sobre comportamento humano e processo de coaching. Então, uma nova porta se abriu.

Hoje percebo que várias das mudanças que fiz tiveram o intuito de resolver o vazio que eu sentia por não conseguir me relacionar e me comunicar bem com as pessoas. Só que esse vazio era meu, e eu precisava me aceitar e valorizar as coisas boas que habitavam dentro de mim. Havia ainda habilidades para desenvolver. Apenas me transferir de um lugar para outro e de um relacionamento para outro não bastava, porque eu carregava minhas dificuldades na bagagem.

No fundo, eu não fazia esforço algum para estar no meio das pessoas e muito menos para interagir da melhor maneira possível. A verdade era que eu queria que o mundo girasse em torno de mim. Reconheço que sentia vergonha de ser quem eu era e me sentia inferior por ser natural de uma cidade pequena, distante das grandes capitais, um ponto minúsculo no mapa. Isso me fez negar minha origem, dizendo por vários anos que eu havia nascido em Belo Horizonte. Tive que quebrar todas essas barreiras, e esse é um dos passos do meu método, que detalharei adiante.

3

QUEM EXECUTA, CONQUISTA

> *"Experiência não é o que acontece com o homem; é o que o homem faz com o que lhe acontece."*
>
> ALDOUS HUXLEY[10]

O caminho para alcançar o que você mais deseja na vida precisa ser construído diariamente, 1% a cada dia. Quem executa, conquista – adoro essa frase justamente por mostrar que a execução de pequenos passos nos leva às conquistas consistentes. É um equívoco pensar só no grande objetivo, esquecendo que ele é construído com pequenos avanços. É assim para chegar ao topo de uma montanha, para falar fluentemente uma língua, para alcançar um cargo de liderança, para emagrecer ou ganhar seus merecidos milhões... Até para nascermos é assim: partimos de um embrião do tamanho da cabeça de um alfinete para a formação gradual e contínua de nossa base corporal durante nove meses.

Entre o ponto zero e o de chegada, há muita coisa para acontecer, fazer, vencer.

---

10 HUXLEY, A. *In*: PENSADOR. Disponível em: www.pensador.com/frase/NTU5/. Acesso em: 3 fev. 2025.

MUITAS VEZES, IGNORAMOS O QUE ESTÁ AO NOSSO ALCANCE POR SER BÁSICO, APARENTEMENTE SIMPLES, FÁCIL DE FAZER, PENSANDO QUE O RESULTADO SÓ VEM DE UMA AÇÃO EXTRAORDINÁRIA. SÓ QUE O EXTRAORDINÁRIO É FEITO DE PASSOS ORDINÁRIOS.

"Resultados extremos, decisões extremas" – recuse essa crença! Nem sempre um resultado grandioso implica uma decisão extrema. O que existe é toda uma trajetória para você chegar lá, que jamais pode ser ignorada.

Em qualquer área da vida, a consistência é mais do que a chave da mudança – é a base que sustenta todo o progresso. Faz uma grande diferença tomar decisões conscientes, sendo importante que você também banque as consequências. Por exemplo, mudar de cidade ou de carreira é uma grande decisão, que vai impactar vários aspectos de sua vida e exigir uma série de minidecisões a cumprir, pequenas batalhas a vencer. É preciso ter dentro de si a certeza de que assumirá as consequências desse grande passo. A vida não é uma linha reta. Você vai enfrentar obstáculos e opositores a cada execução, só que as pequenas conquistas fortalecerão sua mentalidade para seguir em frente.

Isso é alcançar o Efeito 1% todos os dias, gerando impacto sobre impacto e realizando mudanças significativas na sua vida no médio e longo prazo. Entre nesse movimento e descubra, dos capítulos 4 ao 9, como desenvolver uma mentalidade forte e romper as barreiras para conquistar seus sonhos. Você pode associar essa ideia à filosofia japonesa Kaizen, que quer dizer melhoria contínua, fazendo com que você seja melhor hoje do que era ontem. Como as pequenas mudanças são

"RESULTADOS EXTREMOS, DECISÕES EXTREMAS" – RECUSE ESSA CRENÇA!

EFEITO 1%
@RAQUELCOUTOH

mais fáceis de gerenciar, você consegue executá-las. E quando traz o compromisso diário, uma postura de enfrentamento dos desafios e a disciplina de fazer com consistência criam um efeito formado pelo acúmulo das repetições, o que pode levar a conquistas maiores do que imaginou lá atrás.

Para exemplificar matematicamente, executar 1% ao dia significa que, ao fim de um ano (ou 365 dias), você terá resultados cerca de 37 vezes melhores (1.01^{365} = 37,78) do que se estivesse parado no tempo e na zona de conforto. Esse cálculo está no excelente livro *Hábitos atômicos*, do palestrante James Clear,[11] que aponta para esse número vantajoso ao considerar atitudes diárias como juros compostos de autoaperfeiçoamento. Quer dizer, você avança 1% de um valor anterior que já estava melhorando, e assim sucessivamente.

"Mudanças que parecem pequenas e sem importância a princípio terão resultados notáveis se você estiver disposto a persistir nelas por anos", alerta Clear em sua obra, emendando que a única maneira que ele próprio encontrou de progredir foi dando pequenos passos. Foi assim comigo também e, desde então, eu já vinha falando da importância das pequenas ações, até que montei uma metodologia própria, reunindo tudo que aprendi na teoria e testei na minha transformação pessoal e com meus mentoreados.

Importante: o método Efeito 1% funciona ao ganharmos clareza sobre o que realmente queremos, escolhendo uma meta e desenvolvendo uma mentalidade forte para enxergar quais hábitos precisamos adotar ou manter. É por isso que transformei a pergunta "Você já fez seu 1% hoje?" em um movimento que dissemino nos ambientes

---

11 CLEAR, J. **Hábitos atômicos:** um método fácil e comprovado de criar bons hábitos e se livrar dos maus. Rio de Janeiro: Alta Life, 2019.

digitais e presenciais em que estou. É uma provocação positiva, pois **perder a oportunidade de executar 1% hoje é, na verdade, regredir 1%.**

GARANTA O SEU!

A partir de agora, você não precisa mais ser como a maioria das pessoas, que vivem uma vida inteira sem conquistar o que desejam. Você pode transformar de maneira significativa sua vida executando 1% a cada dia, sabendo que uma mentalidade forte influenciará sua realidade. Ao decidir o que quer para si, sentir que consegue e agir na direção correta, abrirá portas para que pessoas e oportunidades apareçam em seu caminho para apoiá-lo. Basta estar aberto e observar os sinais.

Preparado? Nos próximos capítulos, explicarei o método Efeito 1%, que é composto de seis passos principais:

1. **Análise** – reconhecendo a própria história presente, analisando os eventos significativos e como eles moldaram sua mentalidade atual.
2. **Afirmação** – identificando quais barreiras dificultam construir uma mentalidade forte e decidindo mudar, adotando uma postura de enfrentamento.
3. **Aprendizados** – destacando estratégias para desenvolver habilidades-chave e melhorar as existentes, a fim de concretizar suas decisões.
4. **Ações** – usando o Efeito 1% para desenhar o que fazer para se aproximar de seu sonho e implementar seu plano com constância e persistência.

5. Apoio – montando uma rede de pessoas que possam contribuir para você se manter firme no poder do Efeito 1%.

6. Ajustes – monitorando o progresso, revisando o que for preciso e valorizando o que vai muito bem, fortalecendo-se ainda mais.

É como eu sempre digo: aprenda a se posicionar para que o mundo não posicione você! Serei sua treinadora na construção da trilha certa para alcançar seus objetivos, deixando de permitir que algo ou alguém dite seu lugar e assuma o controle de seus resultados. Seu primeiro Efeito 1% começa agora mesmo, no próximo capítulo.

PERDER A OPORTUNIDADE DE EXECUTAR 1% HOJE É, NA VERDADE, REGREDIR 1%.

EFEITO 1%
@RAQUELCOUTOH

4

PASSO 1 – ANÁLISE: RECONHEÇA-SE PELA SUA HISTÓRIA

> *"A coragem de ser feliz também inclui a coragem de ser detestado e de agir sem se preocupar em satisfazer as expectativas dos outros."*
>
> ICHIRO KISHIMI E FUMITAKE KOGA[12]

O primeiro ponto importante é entender que não se recomeça nada na vida. Você dá continuidade ao que já aconteceu, tomando consciência de que, de agora em diante, pode fazer diferente. Você somente recomeçaria alguma coisa se voltasse para a barriga da sua mãe, algo impossível. Chegou a hora de mudar a mentalidade de que "amanhã é uma nova página em branco para eu escrever". Falso! Você está escrevendo sua história desde que nasceu e não existe borracha capaz de apagá-la. O que pode mudar é sua forma de pensar e perceber o mundo, expandindo, mudando paradigmas, para se desenvolver mais.

---

12 KISHIMI, I.; KOGA, F. **A coragem de não agradar**: como a filosofia pode ajudar você a se libertar da opinião dos outros, superar suas limitações e se tornar a pessoa que deseja. Rio de Janeiro: Sextante, 2018.

TODOS NÓS TEMOS UMA HISTÓRIA – E TIVEMOS QUE PASSAR POR ELA, TOMANDO DECISÕES CERTAS OU ERRADAS, PARA CHEGARMOS AO PONTO EM QUE NOS ENCONTRAMOS HOJE.

Reconhecer sua história, assumindo a responsabilidade pelos próprios resultados e pela narrativa construída até o momento, é essencial para uma verdadeira transformação. Daí a importância de começar o método Efeito 1% por esse reconhecimento, porque você não pode alterar o que já viveu, e quem você é hoje é fruto dessa história.

Vamos exercitar?

Reúna várias folhas em branco e escreva à mão sua história, desde quando estava na barriga de sua mãe. Sem julgamentos, use sinceridade e espontaneidade para descrever em detalhes como foi sendo construída sua vida pessoal, social, familiar, profissional, econômica... Escreva o máximo que conseguir e registre passagens que considera importantes da sua trajetória até os dias atuais, incluindo os aprendizados e as vitórias.

A quem diz "Evito relembrar, porque errei muito", eu respondo: "Quem nunca?". Muito melhor do que ignorar os próprios erros é começar a perceber o que eles trouxeram de aprendizado para você fazer diferente hoje. Ficar se culpando por algo que não foi tão bom também é inútil. Cada um só faz aquilo que está dentro da própria consciência. Ninguém oferece mais do que tem para oferecer. Por exemplo, seu pai e sua mãe só deram a educação que sabiam dar, conforme a consciência que eles tinham e a experiência que eles carregavam da história deles.

CADA UM DE NÓS TOMOU DETERMINADAS DECISÕES NO PASSADO COM BASE NAS EXPERIÊNCIAS E NA EXPANSÃO DE CONSCIÊNCIA QUE TINHA E NO QUE CONHECIA DE MUNDO. CERTAS OU ERRADAS, O QUE IMPORTA É O APRENDIZADO QUE ELAS PROPORCIONARAM.

É natural do ser humano ter dificuldade de reconhecer erros. Alguns sentem muita vergonha das decisões erradas que tomaram; outros se vitimizam ("Por que isso só acontece comigo? E sempre do mesmo jeito?"). A verdade é que há muita gente presa ao passado, precisando se desprender dele para seguir em frente. Assim como há quem queira se afastar da própria história por causa de arrependimentos e ressentimentos.

Como disse, eu era uma dessas pessoas. Durante muitos anos, neguei minha história e, consequentemente, neguei também os aprendizados que tive durante meus primeiros catorze anos de vida em Santo Antônio do Monte. Tudo porque não aceitava ter nascido em uma cidade muito pequena e ser uma garota do interior, a ponto de constantemente dizer que havia nascido em Belo Horizonte.

Consegui trabalhar isso dentro de mim e hoje falo com tranquilidade e orgulho de onde sou e que mantenho uma ligação forte com o local, pois é onde meus pais fizeram a vida deles e amam morar. Eu tive que passar por todo o processo que trago neste livro, começando pelo reconhecimento, para finalmente assumir algo que faz parte de mim e não tenho como descartar, jogar fora.

ENCARE SUAS SITUAÇÕES MAL RESOLVIDAS

Reconhecer sua história é importante até mesmo para saber como direcionar seus objetivos atuais. Por exemplo, é muito mais fácil se conectar com algumas pessoas que passaram pelas mesmas dificuldades que você. Quando atendo nas mentorias pessoas que sentem vergonha e inferioridade ao estarem trabalhando em uma metrópole por terem nascido em uma cidade pequena, eu sei exatamente como é e como mudar tal mentalidade, porque já tive essas travas emocionais.

E como fazer esse reconhecimento, sabendo que você não pode voltar atrás e que é responsável pelo que construiu até o momento? Isso envolve dois passos desafiadores:

- **Usar a lógica** – esse é o momento de entender que, em cada momento da sua história, você tinha uma idade, uma situação e uma capacidade compatíveis com o que passou, fez e decidiu. Portanto, não pode cobrar uma atitude diferente com base no discernimento, conhecimento e maturidade que tem hoje. Digamos que sinta arrependimento por ter brigado feio com seus pais quando tinha 14 anos, para defender amigos. É preciso entender que estava em plena adolescência, naquela fase em que a turma é crucial.
- **Perdoar-se** – outro passo, tão difícil quanto libertador, é o autoperdão. Eu não estou falando de perdoar os outros. Eu estou falando de aceitar o que aconteceu e ter compaixão consigo mesmo.

Situações mal resolvidas, empurradas para debaixo do tapete, podem prejudicar uma pessoa para o resto da vida, pois acarretam uma carga negativa de pensamentos e emoções enquanto você não aceitar o que aconteceu, parando de se atormentar com o que poderia ter feito ou não, e se perdoando. Como continuar negando algo que ficou gravado na sua mente e no seu coração, resistindo ao que faz parte de você? Em vez de ficar brigando consigo mesmo, é melhor se apaziguar.

O que eu proponho é que você identifique eventos significativos da sua história e como eles moldaram sua mentalidade atual, influenciando desde os gostos pessoais ao nível de autoconfiança. Certamente conhecemos adultos que, se fizessem isso, reconheceriam quantas atitudes já tomaram só para dar orgulho aos pais e para ganhar carinho, por exemplo. Esses eventos abrangem tanto experiências marcantes negativas (e o que elas ensinam para que façamos diferente hoje) quanto positivas (pontos que queremos impulsionar e continuar reforçando). Ambas podem ser ressignificadas na sua mente usando a lógica e se perdoando.

OLHE PARA O PASSADO SÓ 8% DO TEMPO

O dr. Michael Hall traz uma recomendação bem interessante em seus ensinamentos: devemos olhar para o passado aproximadamente 8% do nosso tempo, e para o futuro, cerca de 11%. Todo o tempo restante, cerca de 81%, deve ser focado no presente. Olhar para o passado tem apenas duas utilidades:

1. Mostrar o que fizemos de errado e não queremos mais repetir, aprendendo com isso e seguindo em frente.
2. Mostrar o que fizemos de bom e continuar reforçando, melhorando, impulsionando essa ação em nossa vida.

Então, se eu quero fortalecer minha mente, preciso treiná-la para olhar para o passado, investigando o que aprendi, para onde as decisões que tomei me levaram, se faço igual ou diferente, e só. Ponto-final.

Tenho que conseguir manter minha mente a maior parte do tempo no presente, porque é nele que eu atuo. E o futuro? Dedico um pouco mais de tempo (11%) para poder enxergar exatamente como e onde quero estar nos próximos dois ou cinco anos e direcionar mente, sentimentos e ações para chegar lá. Ou seja, **preciso me enxergar no futuro e construir o caminho no presente, utilizando o que aprendi no passado.**

Agora fica mais fácil compreender por que o primeiro passo do método Efeito 1% é o reconhecimento das experiências positivas e negativas. Não tenho como isolar esses pontos que ocorreram com a consciência que eu tinha na época. E se carrego algo que preciso modificar, com a consciência que tenho hoje, vou fazê-lo. Por exemplo, quando tomei consciência de que precisava reajustar meu relacionamento com meus pais e minha cidade natal, me mudei de São Paulo para Santo Antônio do Monte e lá fiquei por dois anos.

Depois de muitos anos, só vinha à minha mente o alerta de que deveria resolver isso enquanto meus pais estavam vivos e saudáveis. Eles sempre fizeram tudo para mim. E, quando eu quebrava a cara, me estendiam a mão e ofereciam ajuda. No entanto, briguei muito com eles, exigindo que tivessem a mesma postura que eu via nas pessoas das cidades grandes. Eu deveria ter respeitado mais a mentalidade que tinham e as suas decisões. Reconheço que eu me sentia maior do que eles, por ter morado fora. Tive que voltar a ser filha e abaixar

PRECISO ME ENXERGAR NO FUTURO E CONSTRUIR O CAMINHO NO PRESENTE, UTILIZANDO O QUE APRENDI NO PASSADO.

EFEITO 1%
@RAQUELCOUTOH

minha "régua" de exigências. Aceitá-los como são e trabalhar essa aproximação e esse carinho.

Assim como aconteceu comigo, você perceberá quanto sua história vem moldando sua maneira de pensar, sentir, agir. Vamos supor que você esteja namorando. É bom lembrar que essa pessoa traz características de relacionamentos amorosos anteriores, assim como você. Às vezes, ela passou a se relacionar de uma maneira diferente porque viveu bons e maus bocados com um(a) "ex" e alguma coisa aprendeu. Quem sofreu traições, por exemplo, pode demorar mais a confiar novamente.

Você concorda que todo mundo que entra na nossa vida traz algum aprendizado ou cicatriz emocional, por menor que seja? Já amou, chorou, ganhou, perdeu, fez e desfez amigos... E algumas lições tirou para formar a mentalidade que tem hoje. Cada um é um conjunto de histórias. Assim é comigo, assim é com você.

Vamos exercitar?

De 0% a 100%, quanto do seu tempo você passa "vivendo" no passado? E quanto do seu tempo "vivendo" lá no futuro? Seja sincero. Em seguida, some as duas porcentagens e abata de 100% para descobrir qual porcentagem sobra para você estar no presente. É importante perceber se você tem dedicado tempo demais ao passado e/ou ao futuro, para que possa adequar e ter foco e estrutura para fazer o que precisa ser feito agora.

RESPONSABILIZE-SE PELO QUE ESTÁ NO SEU CONTROLE

Vou detalhar melhor o que pode ser considerado um evento significativo a ser identificado em uma história de vida. Peguemos o exemplo de quem enfrentou dificuldades para estudar. Faltava dinheiro e conseguiu ser bolsista. Trabalhava de dia, frequentava a escola e a faculdade à noite, enfiando a cara nos livros de madrugada. Depois de anos de perrengues, essa pessoa conquistou seu tão desejado diploma.

Quantos brasileiros passam por isso? Inúmeros. Para aqueles que se responsabilizaram pelos próprios resultados e resolveram, internamente, essa situação sofrida do passado (não guardam mágoas, por exemplo), foi possível moldar a própria mentalidade para se sentirem capazes de realizar novos sonhos. Sempre que surgir uma vontade forte ou um desejo de fazer algo desafiador, eles já sabem que podem conseguir.

Em compensação, há muitas pessoas que não avançam por estar com a cabeça onde? No passado. Falam "porque eu tive isso", "porque eu era assim", "porque aconteceu aquilo", geralmente sem assumir a responsabilidade pelos próprios resultados.

VAMOS SER ADULTOS E ENCARAR QUE A FORMA COMO VOCÊ REAGIU A CADA SITUAÇÃO OU CIRCUNSTÂNCIA FOI RESPONSABILIDADE SUA? A DECISÃO É SEMPRE SUA, E VOCÊ PRECISA SABER DISSO ONTEM, HOJE E SEMPRE.

Gosto muito da visão do dr. Michael Hall, que afirma que a responsabilização envolve quatro poderes: dois internos (pensamentos e sentimentos) e dois externos (comunicação e ações). Todo ser humano tem controle sobre esses quatro poderes *seus*, não sobre os *dos outros* – e é justamente querer buscar o controle sobre os outros que leva a muito sofrimento.

Eu não controlo o que meus familiares, amigos ou clientes pensam, sentem, falam ou fazem, tampouco como isso vai me afetar. Se insisto nesse controle impossível, começo a sofrer, a me frustrar, porque há grandes chances de minhas expectativas não serem atendidas. É fato que eu não controlo o que você está pensando sobre o que acabou de ler nesta página, nem como está recebendo minha mensagem, pois ela carrega um significado singular ligado à sua história, às suas experiências anteriores e à maneira como você trouxe seu passado para o momento presente.

Eu sou responsável por mim e por ter melhores pensamentos, sentimentos, falas e ações *para com você*. Isso é diferente de querer me responsabilizar *por você*, pois não controlo seus quatro poderes, apenas os meus. Talvez você queira me perguntar: "E no caso de uma criança? Ela também pensa, sente, fala e faz, não é?". Os pais, sim, têm a responsabilidade de oferecer a melhor educação que puderem. Como essa criança vai receber e interagir com eles faz parte do mundo dela, da história dela.

Do mesmo jeito, ninguém deveria querer controlar seu jeito de usar seus quatro poderes. Uma pessoa não domina a outra, apenas a si mesma. Jack Canfield, um dos coaches e palestrantes mais famosos do mundo, diz que evento mais resposta é igual a resultado.[13] O evento eu não controlo, pois ocorre fora de mim. Só que eu controlo a resposta que darei a esse evento. E ela definirá o resultado que terei, se meu dia vai ser bom ou ruim, por exemplo.

Digamos que esteja chovendo. Eu posso acordar de mau humor e reclamar com a chuva, "respondendo" que detestei que ela apareceu e iniciando pessimamente meu dia de trabalho. Ou posso agradecer aos

---

13 CANFIELD, J. **Os princípios do sucesso.** Rio de Janeiro: GMT, 2007.

deuses, porque o ar estava extremamente seco e poluído, e sair feliz de casa exibindo meu guarda-chuva estiloso. Chegarei ao escritório completamente diferente.

Portanto, ao identificar os eventos significativos da sua história, procure perceber qual foi sua resposta para cada um e qual resultado isso acabou definindo. Está aí sua responsabilidade: na maneira como reagiu e nas consequências geradas por suas ações. Eis um exercício de autoconhecimento dos mais eficientes, que serve de base para a decisão que você tomará no próximo capítulo.

5

PASSO 2 – AFIRMAÇÃO: ASSUMA SUAS BARREIRAS PARA DECIDIR COMO ENFRENTÁ-LAS

> *"É preciso ter clareza. É o que confere poder. Reserve um tempo para esclarecer o que deseja e só então comece a seguir nessa direção. Se não souber o que quer, você permitirá que a vida dite regras. Eu nunca permiti que a vida me ditasse regras."*
>
> LAYNE BEACHLEY[14]

No capítulo anterior, você olhou para sua história, sabendo que ela diz muito sobre a pessoa que você se tornou. O convite agora é para que inicie sua passagem do passado para o presente, analisando as barreiras de mentalidade que se formaram ao longo da sua trajetória e que, muitas vezes de modo inconsciente, estão impedindo a realização de seus sonhos. Estou falando de ganhar uma nova consciência sobre estes dois tipos de obstáculo em especial:

1. **Crenças** sabotadoras que você adotou como verdadeiras e não são.
2. **Ambientes** nos quais está inserido e que influenciam negativamente o que você pensa, sente e faz.

---

14 BEACHLEY, L. *In*: BYRNE, R. **Herói**. Rio de Janeiro: Sextante, 2019.

Essa análise é fundamental para que você possa adotar uma postura de enfrentamento, tomando decisões de mudanças. Escrevi no plural porque é improvável mudar todas as crenças da noite para o dia. Eu até recomendo escolher uma, trabalhar nela, e depois passar para outra. Quanto às decisões, às vezes são necessárias várias para transformar uma única situação, sendo a maior delas a que envolve qual vida você deseja ter de agora em diante.

Postura de enfrentamento é ter uma atitude proativa perante os desafios, problemas e situações difíceis, confrontando os obstáculos e buscando soluções. Como está sua postura hoje? É de enfrentamento ou de vitimização? Como vimos até aqui, para que possamos nos aprofundar na análise de barreiras, precisamos falar sobre responsabilidade. Podemos repetir nossa história de várias formas. O ato de escrever, quando somos sinceros e honestos, nos ajuda a perceber se estamos assumindo a responsabilidade pela nossa vida ou colocando a culpa nos outros.

É importante lembrar que só podemos mudar a nós mesmos e o que está em nosso controle. Ao contar e recontar a própria vida de maneira consciente, você tem a chance de se apropriar do que controla: o seu olhar para os mesmos fatos, conforme alertei no capítulo anterior. Perceba que escrevi "de maneira consciente" porque, quando a pessoa conta e reconta de modo automatizado, pode estar reforçando, por exemplo, a ideia de ser vítima.

Digamos que você tenha dois irmãos e viva repetindo que seus pais davam mais atenção ao primogênito e ao caçula quando eram crianças ("sabe como é... filho do meio, sanduíche"). Essa forma de enxergar uma situação que você não controla facilita a vitimização, alimenta crenças sabotadoras ("meus irmãos sempre foram melhores do que eu", por exemplo) e torna esse ambiente negativo para seu fortalecimento interior.

O fato em si não pode ser alterado. Já suas conclusões – ou seja, a mentalidade que resultou dessa situação da infância – são responsabilidade sua, então podem ser mudadas.

ACEITE O QUE ACONTECEU

Sendo assim, se você deixou fluir sua história lá do íntimo para o papel, de maneira espontânea, está apto para o segundo passo do método Efeito 1%, que é ler e reler tudo que escreveu à mão, prestando atenção nas palavras que usou e no sentido das frases que escreveu, identificando em quais pontos teve vitórias, em quais se vitimizou, em quais tirou aprendizados... além de decidir o que vai mudar para conduzir a vida de modo diferente.

Uma sugestão: peça a alguém de sua confiança, um profissional, que leia sua história com uma visão crítica e traga reflexões.

Quem continua recontando a própria história se colocando no papel de vítima fica preso ao passado e deixa de se abrir para coisas novas. A chave para se libertar do passado começa por aceitar o que aconteceu, valorizando as vitórias e extraindo os aprendizados das situações indesejadas. É com essa postura de enfrentamento que você deve analisar tudo que escreveu. Lendo com atenção a forma como relatou passagens marcantes, é possível que descubra várias barreiras a transpor.

Há uma porção de crenças impedindo as pessoas de desenvolverem uma mentalidade forte, como o medo do fracasso. Então é fundamental entender se os ambientes em que estão inseridas são favoráveis ou desfavoráveis. Como abordei no capítulo 2, crenças sabotadoras podem ser impostas pela família, pela cultura vigente, pela sociedade, e prendem a gente a padrões preestabelecidos que barram nosso pleno desenvolvimento, forçando-nos a pensar que grandes habilidades e feitos são inalcançáveis.

Pronto para perceber quais são as barreiras que estão travando sua vida no texto que produziu? Com meus mentoreados, faço dois pedidos: escrever à mão a própria história e responder por escrito a duas listas de perguntas que ressaltam qual é o maior incômodo ou problema que querem resolver no presente e como querem estar no futuro. Trouxe para cá uma adaptação dessa ferramenta complementar, pois ajudará na sua tomada de decisão de como quer viver daqui em diante.

OLHE PARA SUA SITUAÇÃO NO PRESENTE E NO FUTURO

A realidade é que as decisões que tomamos no passado nos conduziram até o estado atual em que nos encontramos. E é comum que ele traga várias crenças que culminam em um grande incômodo ou problema. É esse ponto específico que o questionário vai explorar, e não sua história de maneira geral, aprofundando sua situação hoje e a desejada, ajudando a clarear as decisões e ações que precisará adotar para alcançar seus objetivos.

Vamos exercitar?

Descreva com o máximo de detalhes que conseguir...

... sua situação atual e seu maior incômodo ou problema.

1. Em qual situação você se encontra atualmente?

2. Estar nessa situação traz algum problema para você?

3. Caso tenha um problema, por qual motivo é importante resolvê-lo?

4. Em qual área da sua vida o problema acontece?

5. Em qual área da sua vida o problema não acontece?

6. Em qual ambiente o problema acontece?

7. Quem está vivendo diretamente esse problema com você?

8. Quem é afetado indiretamente por esse problema?

9. Quem não é afetado e está envolvido no problema?

10. O que está impedindo você de resolver tal situação?

11. Quem é o responsável por resolver o problema?

12. Quem está envolvido na solução?

13. Quem quer que o problema seja resolvido?

14. É um problema para mais alguém?

15. Quem não quer o problema solucionado?

16. O que está contribuindo para que o problema ocorra ou permaneça?

17. Qual é o gatilho para que o problema ocorra ou permaneça?

18. Como o problema mexe com você?

19. Como você interpreta esse problema atualmente? O que ele significa para você?

20. O que acontecerá com você e com quem mais for afetado se o problema permanecer?

21. O que acontecerá se o problema for eliminado?

22. Você já procurou resolver o problema? Se sim, o que aprendeu com isso?

23. O que mais já fez relacionado a esse problema?

24. E quais são as possibilidades para resolvê-lo?

25. Que soluções já imaginou para solucionar de vez o problema?

26. Sendo realista, esse problema pode ser resolvido?

27. Como você saberá que resolveu de vez o problema? O que dará a certeza disso?

... a situação desejada, o maior objetivo ou resultado que quer alcançar.

1. O que especificamente você quer transformar executando 1% ao dia?

2. Qual é o seu objetivo de vida?

3. O que vai pensar e sentir quando atingir o objetivo?

4. Quando atingir o objetivo, o que você ganhará?

5. Quão importante é para você atingir esse objetivo?

6. Por qual motivo chegar aonde deseja será inspirador?

7. Em qual contexto ou área você deseja o resultado?

8. Quando (ou em quanto tempo) espera atingir seu objetivo?

9. Quais recursos internos você precisa extrair de si para atingir esse objetivo?

10. De quais recursos externos você precisa para atingir esse mesmo objetivo?

11. E você sabe como acessar esses recursos internos e externos?

12. Com tudo isso, ainda é interessante ou atraente para você atingir o resultado?

13. Alguém mais estará envolvido no processo para você atingir seu resultado? Se sim, quem?

14. O que você precisa fazer, quais comportamentos ter, para atingir seu objetivo/resultado?

15. Você pode iniciar esses comportamentos e realizar essas ações agora?

16. Se sim, pode ter constância, consistência?

17. Quantos passos ou ações você precisa ter ao longo desse tempo, de maneira consistente, para atingir o resultado desejado?

18. Você tem um plano, uma estratégia, para atingir o resultado desejado?

19. Algo poderá interromper (ou mesmo parar) esse processo? Se sim, o que pode pará-lo?

20. Como você pode monitorar seu plano?

21. O resultado que deseja atingir está dentro dos seus valores pessoais?

22. Você está pronto para tomar uma decisão?

23. Como você saberá que conseguiu atingir o resultado desejado?

24. Qual será a evidência definitiva de que você chegou lá?

PRESTE ATENÇÃO ÀS SUAS PALAVRAS

Recontar situações marcantes da vida nos possibilita tomar consciência de que podemos mudar os efeitos que elas provocam em nossos comportamentos. Por isso, devemos refletir sobre o significado daquilo que estamos verbalizando. Eu mesma levei anos treinando escutar a mim mesma de maneira autocrítica para detectar, por exemplo, alguma crença negativa. Hoje, já faço isso de modo automático.

Só que a maioria das pessoas não tem esse treino, o que dificulta reconhecer várias crenças sabotadoras, sinais de que está se vitimizando e emoções ruins sufocadas desde a infância... É aqui que entra o exercício de escrever para aumentar as chances de obter essa clareza. Quando você fala das situações marcantes da sua vida, escreve (livremente e de coração aberto) e depois lê com um olhar autocrítico, apura essa percepção. Se voltar no dia seguinte para reler, mantendo esse olhar crítico, identificará mais pontos a refletir, em prol do seu desenvolvimento, pela forma como contou os fatos.

O ato de escrever coloca a neuroplasticidade do cérebro em ação, ajudando na concentração, no processamento das ideias e na recuperação das lembranças pela memória.[15] Escrever potencializa essa reflexão enquanto você põe as palavras no papel e cria um compromisso com o que registra ali, dificultando mentir para si mesmo. Querendo ou não, vão sair desse exercício simples algumas mágoas e impressões que você não imaginava carregar no seu interior.

Imagine uma pessoa que teve insucessos na profissão escolhida e conta alegando "falta de sorte" (argumento típico de quem se

---

[15] GOMES, H. Dez benefícios para o cérebro de escrever à mão. **Portal Terra**, 5 out. 2024. Disponível em: www.terra.com.br/vida-e-estilo/dez-beneficios-para-o-cerebro-de-escrever-a-mao,38a6c1d1efd1c6635ca7c2d17c7f107bmdpgpyvb.html. Acesso em: 6 out. 2024.

coloca como vítima). Quanto mais reconta ou repete isso, mais reforça essa crença, sem conseguir ver a questão por outros ângulos e sem enxergar os próprios erros. Tais palavras acabam influenciando sua identidade, quem ela é. Ao escrever, é mais fácil prestar atenção aos significados que está atribuindo a essa parte importante da vida e extrair aprendizados.

Quantas pessoas você conhece que não prestam atenção às palavras que estão jogando no mundo? Muitas. E aí está um grande desafio: reconhecer naquilo que repetimos o que está fazendo mal a nós mesmos. Em um treinamento que ministrei, um gestor insatisfeito com a performance da equipe começou a justificar, trazendo crenças do tipo: "Na minha época, as coisas funcionavam melhor; entre a base e eu, havia vários cargos intermediários; hoje é tudo tão enxuto!". Aí eu questionei: "E você acredita que é por isso que sua equipe não está crescendo?".

Emendei com outros pontos de vista para mostrar que cada um pode crescer 1% todos os dias como profissional e como pessoa, mesmo que a hierarquia atual das empresas ofereça menos degraus. Por exemplo, nem todo mundo quer subir de cargo. Em vez de reforçar que não tem como desenvolver as pessoas por não poder promovê-las, cabe a esse gestor criar com uma narrativa diferente, que estimule o desenvolvimento de habilidades ("Gente, vamos aprender sempre algo novo", "Você está aqui para ser melhor naquilo que faz"). É sobre decidir continuar preso ao passado (postura de chefe convencional) ou adquirir uma mentalidade de líder contemporâneo.

RECONHEÇA OS SIGNIFICADOS DO QUE VOCÊ REPETE

Lendo e relendo sua história e como respondeu ao questionário, procure tomar consciência do que está **limitando** ou **impulsionando** a realização de seus objetivos e sonhos. Por exemplo, suponha que tenha escutado de seu pai em vários momentos da adolescência que "tirava notas baixas em Matemática, então não era muito inteligente". Se acreditou e gravou isso na lembrança, é provável que essa memória tenha um efeito limitador em você.

Se foi bem sincero no exercício, provavelmente encontrará o que precisa "resetar" na sua mentalidade. Em cada situação que descreveu, vale a pena fazer perguntas como estas:

- Isso me impulsiona de alguma maneira ou me limita?
- Isso me causa desânimo e me faz andar para trás?
- Essa forma de pensar está me trazendo soluções ou mais problemas?

Aprendi com o dr. Michael Hall que há cinco pontos reveladores sobre quão limitantes ou impulsionadoras estão minhas crenças atuais, e todos têm a ver com os significados que dou: para mim (quem sou eu, como me enxergo?), para tudo que me rodeia (como eu enxergo o mundo?), para os relacionamentos (eu e os outros), em relação ao tempo (que é relativo conforme meu estado emocional) e às minhas capacidades.

Para dar alguns exemplos, será que seus relacionamentos amorosos balançam porque você pensa que "ninguém mais quer se comprometer"? Vive acelerado, sem fazer pausas e dormindo pouco por seguir o conselho "descanse quando morrer"? Sente-se incompetente quando falha? Ou, ao contrário, é alguém que aprende com as adversidades e assim avança, administra bem seu tempo de agitar e de descansar, concorda que sucesso é treinável? Significados repetidos são os que trazem as crenças, e é preciso mudar as negativas e sabotadoras.

Vamos exercitar?

Você já tomou consciência de que, muitas vezes, repete as mesmas histórias? Reflita sobre como isso acontece: é de maneira negativa ou positiva?

A forma como você conta e repete as histórias prevalece na sua vida. Significados repetidos tornam-se verdades para você. Ao prestar atenção nas palavras que usa para entender qual significado está dando, conseguirá fazer modificações. Será que se questiona com frequência "Por que isso está acontecendo comigo?". Hora de parar com esse tipo de comunicação interna que só atrapalha. Melhor falar "Opa, espera aí; aconteceu, acabou, como posso fazer diferente da próxima vez?" ou "Qual é o aprendizado que eu posso tirar disso?", "O que está me fazendo persistir nesse mesmo ponto?".

IDENTIFIQUE BARREIRAS A SEREM ENFRENTADAS

Digamos que no texto esteja escrito "Eu queria ter feito e não consegui". Isso já traz uma crença de incapacidade. Reflexões que você pode fazer ao ler uma frase como esta:

- Será que você queria mesmo?
- Sua vontade estava muito superior aos outros aspectos (como medo), para você se movimentar e direcionar esforços para fazer aquilo?
- Ou você estava querendo provar algo a alguém, em vez de fazer por você?

A FORMA COMO VOCÊ CONTA E REPETE AS HISTÓRIAS PREVALECE NA SUA VIDA.

EFEITO 1%
@RAQUELCOUTOH

Quantas vezes as pessoas falam que querem fazer algo, só que fazer isso não é realmente do interesse delas? Então acaba deixando de pôr a energia necessária.

UMA DECISÃO DE MUDANÇA É "VOU COLOCAR O QUE EU QUERO EM EVIDÊNCIA E FAZER".

Outra barreira que você pode perceber é a de não merecimento. Muita gente diz ter dificuldade de vender, por achar que não merece receber o dinheiro. Outro comportamento típico da falta de merecimento é não saber receber elogios. Por exemplo, ouve "Esses óculos são lindos, ficaram muito bem em você" e responde "São seus olhos" ou "Imagine, custou baratinho".

UMA DECISÃO DE MUDANÇA É COMEÇAR A AGRADECER E SÓ, É COMEÇAR A ACREDITAR QUE VOCÊ MERECE TODAS AS HONRAS QUE RECEBE.

E medo de errar, você tem? Se sim, vale pensar que é impossível querer 100% de garantias de que tudo vai dar certo. As pessoas que fazem acontecer saem da zona de conforto e correm riscos, lidando de maneira adulta com o resultado, sendo bom ou ruim. Ao fazer isso uma vez – e pode ser com um desafio pequeno – será mais fácil fazer de novo e de novo, com aprimoramento.

Essa barreira comumente pode levar a outra, a do perfeccionismo.

UMA DECISÃO DE MUDANÇA É TROCAR A MENTALIDADE DE QUERER *PERFEIÇÃO* POR QUERER *EXCELÊNCIA*, QUE É A MELHORIA CONTÍNUA, OU SEJA, UMA MENTALIDADE DE SER MELHOR AMANHÃ DO QUE VOCÊ ESTÁ SENDO HOJE.

Podemos encontrar muitos medos dentro da nossa cabeça, como o de dizer "não" e da rejeição; e eles viram barreiras que nos impedem de aproveitar boas oportunidades na vida. Quem resiste a mudanças, por exemplo, provavelmente é por temer o que pode viver em uma situação desconhecida – mesmo quando está infeliz na atual. É o caso de quem se mantém em um emprego ou casamento, mesmo insatisfeito.

UMA DECISÃO DE MUDANÇA É AO MENOS ESTUDAR POSSIBILIDADES DE FAZER DIFERENTE, FICANDO MAIS CONFIANTE PARA DAR NOVOS PASSOS.

É interessante ver alguns mentoreados, exauridos pela sobrecarga de trabalho, começando a dizer "não", inclusive para seus gestores. Ao perceberem que precisam ficar mais seletivos sobre o que vão fazer para conseguir entregar mais resultado, passam a colocar seu ponto de vista (sobre o que é prioritário, por exemplo) e seu limite – lógico, com respeito. Tive uma mentoreada que cresceu depois de começar a agir dessa maneira. Hoje, é gestora e vem sendo elogiada por se posicionar perante as situações.

AVALIE MUDAR O (OU DE) AMBIENTE

Essa é outra decisão importante a ser tomada, que demanda uma grande consciência. Sendo realista, há ambientes dos quais não podemos simplesmente sair, como os que envolvem família. O que podemos fazer é nos preservar mais. Como? Restringindo o convívio e evitando se afundar por causa desses laços afetivos. Você pode entrar no ambiente, cumprir seu papel de maneira neutra, respeitando a todos, e pronto. É desnecessário estar vinte e quatro horas em um ambiente desfavorável, caso não possa descartá-lo da sua vida.

O importante é mensurar suas escolhas quanto aos lugares e às companhias para que sejam para seu bem. Há casais que quase se separam porque um lado não estava acompanhando os ideais e o sucesso do outro. Só que essa pessoa entra no ecossistema daquele que ama, faz as mudanças necessárias, e os dois se entendem. O casamento é retomado de uma forma muito melhor porque ela fez a análise do ambiente, tomou consciência do desnivelamento e decidiu se adaptar, se desenvolver também, para os dois caminharem juntos.

Então, a análise não precisa se limitar a mudar de ambiente. Talvez sua decisão seja mudar algo em si mesmo. Se eu quero me relacionar com você, vou procurar estar na mesma sintonia. É a mesma coisa com a decisão de estar com pessoas que têm riqueza de vivências, conhecimento e outras qualidades que você gostaria de ter. Para quê? Para impulsionar, inspirar e ensinar você.

PREFIRA SE OMITIR

Para as pessoas com dificuldade de decidir ("é isso que eu quero, é assim que eu vou tocar minha vida"), eu faço o seguinte alerta: quando você não decide, esquece que também está fazendo uma escolha, a de continuar no mesmo lugar. É isso que você quer? A omissão é uma decisão que, em algum momento, vai lhe custar caro. É optar por se manter como e onde está.

É preciso ser adulto e reconhecer que, ao decidir uma coisa, você abre mão de outras. É escolher um caminho e seguir nele. Eu quero me casar ou ter vida de solteiro? Eu quero viajar ou ficar mais próximo dos meus pais idosos? Eu quero a promoção na multinacional ou ser um empreendedor social? São opções que não se complementam. Um jeito simples de sair do impasse é analisar os prós e os contras do que quer. Isso vai clarear o que está pesando mais para você.

Também evite deixar de decidir por permitir que sua mente seja inundada de "e se". E se não der certo? Corrija. Eu sou favorável a revisões, tanto que dedicarei o capítulo 9 para isso. O importante é você dar o primeiro passo. Só assim saberá o resultado. "E se" pode ser útil apenas na fase de análise, quando você está estudando possibilidades, analisando cenários.

Depois de decidir, obstáculos e dificuldades vão surgir. Por exemplo, ao resolver transformar um hobby em negócio próprio, você vai encarar uma série de desafios típicos de quem empreende pela primeira vez. Você não tem controle sobre tudo, lembra? Agora, ser resiliente, ter flexibilidade e colocar a criatividade para funcionar são habilidades que estão no seu controle, então podem ser aprendidas ou melhoradas. E são delas que falaremos no próximo capítulo, quando traçaremos seu novo plano de voo.

A OMISSÃO É UMA DECISÃO QUE, EM ALGUM MOMENTO, VAI LHE CUSTAR CARO.

EFEITO 1%
@RAQUELCOUTOH

6

PASSO 3 – APRENDIZADOS: HABILITE-SE PARA FAZER ACONTECER

> *"Em qualquer situação da vida, sempre temos três opções:*
> *podemos mudar, aceitar ou deixar para lá."*
>
> NAVAL RAVIKANT[16]

Você já refletiu sobre sua história, sua situação atual e a que deseja, e ganhou consciência sobre as barreiras que precisa derrubar para avançar na vida e atingir seus objetivos. Chegou, então, a hora de desenvolver novas habilidades-chave e melhorar as existentes, a fim de concretizar as decisões que acabou de tomar, incluindo alterar crenças. Para isso, é importante perceber quais capacidades, competências e qualidades vão fortalecer você nesse processo de mudanças.

Quer uma crença maravilhosa para desenvolver? A de que habilidades podem ser aprendidas e apreendidas por meio de conhecimento e treino. Um dos pilares de uma mentalidade forte é justamente o aprendizado contínuo, que se refletirá em maior:

- **resiliência** perante os fracassos, que passam a ser vistos como parte do processo de amadurecimento;

---

16 RAVIKANT, N. *In:* JORGENSON, E. **O almanaque de Naval Ravikant:** um guia para a riqueza e a felicidade. Rio de Janeiro: Intrínseca, 2022.

- **autoconfiança** para superar obstáculos e alcançar o que se deseja;
- **adaptabilidade** para resolver os problemas, encarando-os como oportunidades de crescimento;
- **disciplina e foco**, fazendo o que precisa ser feito diariamente.

Vale ressaltar que uma boa parcela daquilo que queremos conquistar já existe dentro de nós – basta sabermos utilizar. É uma qualidade ou outra, uma destreza ou outra que teremos que buscar fora. Quer testar? Vamos supor que você precise ter coragem para se arriscar em algum projeto inovador. Pense na sua história e relembre atitudes corajosas que tomou anteriormente. Com o passar do tempo, tendemos a negar (ou esquecer) que temos essa firmeza de espírito, essa capacidade de agir apesar do medo, da insegurança ou da intimidação.

Muitos aprendizados que você teve podem ter sido "deletados" da sua mente – e esse é mais um motivo para reconhecer sua história. Do que não deu certo, muitas vezes tirou aprendizados. Eles estão dentro de você, talvez encobertos pela dor, pela frustração ou até mesmo pelo trauma que o insucesso provocou na época. A realidade é que nós negamos ou apagamos da memória muitas dessas ferramentas úteis às nossas realizações futuras. A boa notícia é que podemos relembrar e resgatar essas habilidades a qualquer momento. Que tal agora?

Vamos exercitar?

Monte no computador um PDF ou um PowerPoint com uma sequência cronológica de situações em que obteve vitórias e/ou que fez algo por você com sucesso. Destaque as habilidades, qualidades e capacidades que usou – para se lembrar de que poderá utilizá-las de novo.

MUDE A FORMA COMO VOCÊ SE COMUNICA CONSIGO MESMO

A partir do momento em que decidiu por algo e se estruturou para concretizar a mudança, você nunca mais vai voltar à estaca zero. Você já deu um primeiro passo, que foi escolher não continuar na sua situação atual. O passo seguinte é tirar da sua comunicação interna o medo, a dúvida e tudo que possa travar o movimento que quer fazer. Aliás, sobre o que você tem pensado e conversado consigo mesmo ultimamente?

A comunicação (interna e externa) é uma das principais habilidades para qualquer transformação bem-sucedida. Se a interna estiver confusa ou fragilizada, conforme alertei no capítulo 2, isso vai impactar diretamente a comunicação externa. Afinal, a gente só põe para fora o que tem dentro. Como fazer a virada de um pensamento negativo para positivo? Sugestão: experimente se perguntar "O que isso está querendo me dizer?". Ao conversar consigo mesmo, vai tirar aprendizado.

Em *Palavras mágicas*,[17] o professor expert no poder da influência Jonah Berger aborda diferentes formas pelas quais a linguagem pode ser usada para ativar a identidade e a autonomia, ressaltando o impacto da comunicação interna. Ele diz: "Uma voz interior que combina pensamentos a crenças e preconceitos inconscientes..." pode trazer palavras alegres e de apoio, em vez de negativas e autodestrutivas. "Praticar o diálogo interno positivo, por exemplo, melhora o desempenho esportivo", ilustrou, citando uma pesquisa que mostra ser mais efetivo usar a terceira pessoa (você consegue) do que a primeira pessoa

---

[17] BERGER, J. **Palavras mágicas:** o que dizer – e como dizer – para conquistar o sucesso. São Paulo: HaperCollins Brasil, 2023.

(eu consigo). Segundo o autor, "assumir a perspectiva de alguém de fora parece mais natural e pode ser mais fácil de pôr em prática".

Outra estratégia é mudar imediatamente o significado ao simplesmente cancelar o pensamento indesejado e substituí-lo pelo desejado. Você não conseguirá fazer isso em boa parte das vezes, e está tudo bem. É questão de treino.

EU SEMPRE REPITO NOS MEUS TREINAMENTOS QUE NÃO SE TRATA DE NÃO ERRAR, E SIM ERRAR E RETOMAR RAPIDAMENTE.

Imagine fazer um julgamento negativo precipitado, dentro da sua cabeça, sobre um novo colega de trabalho. Só que, após uma hora de conversa, ele se revela uma pessoa muito bacana e prestativa. *Opa*, no instante em que você tomar consciência disso, troque por um pensamento empático.

Vale a pena também fazer a seguinte reflexão: "O que está acontecendo comigo?". O indivíduo precisa melhorar dentro de si essa tendência de julgar os outros antes de dar a chance de conhecê-los. Trata-se de lidar internamente com o aspecto alheio que o afeta. Afinal, aquilo que o incomoda muito em alguém geralmente é reflexo ou dá pistas de algo que precisa ser melhorado em você mesmo.

No meu caso, já fui tão rigorosa com horário que me irritava muito com o atraso dos outros, interpretando que valorizavam o próprio tempo e não o meu. Era uma crença minha relacionada ao tempo, que aprendi a controlar, por eu ser extremamente pontual. Se marquei uma conversa on-line às 15 horas e não vou conseguir chegar a tempo, é automático avisar: "Vou atrasar cinco minutinhos, ok?". Vejo isso como sinal de respeito ao tempo alheio e constato que isso conta

NÃO SE TRATA DE NÃO ERRAR, E SIM ERRAR E RETOMAR RAPIDAMENTE.

EFEITO 1%
@RAQUELCOUTOH

pontos positivos para meu trabalho. Só que nem todo mundo tem essa mentalidade, tampouco todo atraso é pelo motivo que eu penso que é.

Hoje tolero pequenos atrasos e evito julgamentos precipitados com base no meu rigor. Pergunto o que houve e deixo a pessoa se explicar. Se possível, partilho minha estratégia quando marco compromissos. Coloco na minha cabeça que estarei pontualmente no local, me organizo com antecedência e repito no caminho a mim mesma que vou chegar no horário combinado. E, mesmo enfrentando trânsito ou outro obstáculo, consigo. Porque tenho outra crença poderosa: a possibilidade de manipularmos o tempo, como explica a física quântica.

INSPIRE-SE EM QUEM TEM CRENÇAS POSITIVAS

E como estão seus aprendizados com dinheiro? Em tempos de incentivo ao empreendedorismo, pode ser que muitos aspirantes a ter um negócio próprio precisem regular sua comunicação interna a esse respeito. Por mais que alguém se considere pouco hábil para lidar com dinheiro hoje, já fez a coisa certa em algum momento – usou essa habilidade em uma aplicação rentável ou em uma compra que trouxe enorme prazer, por exemplo. Só que ainda repete internamente crenças aprendidas de que dinheiro é sujo e só traz problemas ou sente culpa pelo que gasta, como eu já senti no passado.

Mudar para uma mentalidade de abundância exige estratégia. Sugestão: comece a se lembrar de situações em que lidou bem com dinheiro e de pessoas que têm vida próspera, percebendo habilidades nelas que você pode incorporar. Um exemplo de quem tem crenças positivas com dinheiro é o ex-catador de lixo e empresário Geraldo Rufino, autor do livro O *catador de sonhos*.[18] Ele acredita que pode até

---

18 RUFINO, G. **O catador de sonhos.** São Paulo: Gente, 2015.

perder tudo, só que confia que saberá reconstruir, ficando mais rico do que antes. A propósito, já quebrou financeiramente seis vezes e, ainda assim, foi desenvolvendo habilidades como otimismo (sua marca registrada!), determinação, calma, boa comunicação e conhecimento do cliente para vender melhor. Assim, conseguiu vencer os obstáculos em seu caminho.

Tudo isso junto contribui para uma mentalidade forte. **Ao se apropriar do seu conjunto de habilidades, você enfrentará as consequências de uma eventual decisão errada sem achar que elas vão acabar com sua vida.** E você ainda pode melhorar sua performance em várias competências com treinamentos e cursos. Quem abre um negócio, por exemplo, precisa turbinar os conhecimentos sobre finanças e administração em geral. Por mais que contrate especialistas, adquirir noções básicas ajudará a ter senso crítico.

É igual a quem resolve reformar a casa sem a mínima ideia de como as coisas funcionam. Corre o risco de ficar refém do pedreiro (que dá uma ideia incrível e pode virar um desastre) e do arquiteto (que vem com o material caro que puxa seu orçamento para cima). Ou seja, vale a crença de que adquirir noções básicas dão mais autocontrole sobre o resultado que você quer, até mesmo para entender o que o profissional contratado sugere e para transmitir claramente seus desejos.

APROVEITE TODAS AS CHANCES DE APRENDER

A todo momento, estamos aprendendo ou reforçando algo que já sabemos, seja pela busca de conhecimento junto com o desenvolvimento de habilidades de pesquisa e análise, seja por meio de experiências práticas, favorecendo a exploração de habilidades voltadas à criatividade e à solução de problemas. A convivência social também traz aprendizados, incluindo treinar habilidades de comunicação e empatia, por exemplo. E, claro, há o autoconhecimento.

Importante: aprender não significa concordar com todas as informações que recebemos. Eu que o diga, pois sou muito questionadora. Prefiro não aceitar de imediato aquilo que a maioria pensa em vez de repetir igual papagaio o que todos estão dizendo. Tive que aprender a lidar melhor com essa crença, fazendo perguntas sobre as informações circulantes para analisar vários pontos de vista, confrontando com meus pensamentos a respeito.

Sem dúvida, uma forma de trazer aprendizado contínuo é por meio de perguntas. Outra é praticando a escuta ativa para entender o que faz sentido dentro daquilo que a pessoa está me dizendo. Pode ser que amanhã já não faça mais, e vou deletar a informação. E presto atenção ao viés emocional que o(a) interlocutor(a) pode incluir na sua maneira de contar o fato, compartilhando como se sentiu com o que aconteceu. Tudo isso para poder tirar minhas conclusões.

Fica o alerta, então, sobre como você lida com as informações que recebe. Será que está aceitando tudo que dizem sem questionar? **O aprendizado poderá vir do seu questionamento e do processo de selecionar o que faz sentido para você, combinando novas informações com sua essência e as utilizando como aliadas na busca pelo que quer.** E é assim, também, que você desenvolve autoconhecimento, autenticidade e consciência sobre as coisas.

Saber observar o que está acontecendo é outra habilidade capaz de trazer aprendizados preciosos. Por exemplo, posso observar as atitudes da minha colega de trabalho e pensar: *Dispenso isso na minha vida* ou *Ela está fazendo de um jeito que não vou fazer*. Quantas vezes você já escutou alguém dizer que não tem nada a aprender com determinada pessoa? A verdade é que esse pensamento está errado, pois sempre aprendemos – nesse caso, o que não fazer. Ela talvez vire referência da pessoa que você não quer se tornar, com o tipo de jornada que não quer ter. E essa informação é valiosa, pois poupa seu tempo e apura seu discernimento.

O cardápio de habilidades para resolver problemas e ter sucesso no seu projeto de transformação geralmente passa ainda por este tripé: resiliência, autoconfiança e adaptabilidade. Penso que essas são desenvolvidas com repetição. Todos nós cometemos erros e, após cada um, nos reerguemos e seguimos em frente. Também temos vitórias, e elas nos tornam mais confiantes para buscarmos novas, fazendo as adaptações necessárias conforme o contexto, o ambiente, a situação, nosso desejo no momento. Essa flexibilidade é para não esperar que o mundo gire em torno de você. Encontre meios de se integrar ao que está acontecendo para ser melhor amanhã e depois.

Então, como se gera mais resiliência, autoconfiança e adaptabilidade? Colocando essas habilidades em uso. Ao fazer repetidas vezes o que precisa fazer, você aumenta os seus aprendizados e se fortalece nessas habilidades essenciais para avançar. Concordo com Tony Robbins quando ele diz, em seus treinamentos, que a repetição é a mãe das habilidades,[19] já que ela é uma poderosa estratégia na criação de um padrão de comportamento.

---

19 10 LIÇÕES de Tony Robbins. **Instituto Iluminar**, 8 jul. 2022. Disponível em: https://institutoiluminar.com.br/blog/10-licoes-de-tony-robbins/. Acesso em: 4 fev. 2025.

REGULE O FOCO E ADICIONE DISCIPLINA (NO BOM SENTIDO)

Por fim, nós temos a possibilidade de aprender sobre *tudo*, só que nem tudo nos convém. Pensando no objetivo ou sonho que pretende realizar, é mais interessante investir tempo e energia em qual conhecimento, habilidade ou padrão de comportamento? Isso é decidir qual será seu foco e no que aplicará disciplina para desenvolver. Eu sempre bato na tecla de a gente fazer o que precisa ser feito, e não só o que gosta. E há uma estratégia, na minha percepção, muito valiosa para isso.

Muita gente associa a disciplina a uma coisa negativa, como sendo algo severamente rígido, árduo, austero, inflexível e que só acontece às custas de grande sacrifício. Eu mesma tinha essa mentalidade no passado. O que fiz? Tornei mais leve e mais fácil o desafio de ser disciplinada mudando o significado da palavra. Diferentemente de rigidez, é o rigor de fazer o correto, o que faz sentido para mim, o que vai me levar a um objetivo maior, de modo consistente e consciente, sem depender de motivação, que é intensa apenas no início.

> **SER DISCIPLINADO É SER DISCÍPULO DOS PRÓPRIOS SONHOS, DAQUILO QUE DESEJO ATINGIR E CONQUISTAR. ENTÃO, ME OBEDEÇO PARA CONQUISTAR AQUILO QUE QUERO.**

Cumpro as regras necessárias porque sei que meu esforço será recompensado. É para mim, em primeiro lugar. Repito isso na minha comunicação interna, e assim me mantenho no trilho certo.

Se eu não me comprometo comigo mesma a batalhar por melhorias, tem algo errado. Por exemplo, sonhei com este livro e me dediquei ao máximo para que estivesse hoje em suas mãos. O primeiro compromisso é comigo mesma. É a realização de um trabalho bem-feito. E você? Como percebe essa questão na sua vida? Ter esse comprometimento com a disciplina e o foco é essencial para desenvolver suas habilidades e implementar as ações que discutiremos no próximo passo.

7

PASSO 4 – AÇÕES: EXPLORE O PODER DO 1% COM PERSISTÊNCIA

"Você é o único responsável pela vida que tem levado. Você está onde se colocou."

PAULO VIEIRA[20]

A exploração do Efeito 1% é possível com a implementação de um plano de ação, criando consistência. Por isso, depois de se preparar desenvolvendo habilidades para sua transformação, você deve centrar a atenção na realização de metas, executando os pequenos passos diários que são necessários para resultar em grandes e sustentáveis mudanças ao longo do tempo. Que tal desenharmos um plano que atenda à nova vida que você deseja alcançar?

Para exemplificar, escolhi uma ação básica e importante para todos nós: beber água. Sem ela, não há vida. Sabendo disso, você bebe o suficiente para manter seu corpo hidratado? Eu tenho duas garrafas térmicas, de 1,2 litro e de 950 mililitros, e sempre estou com uma delas do meu lado. Levo cheia, logo cedo, para a academia. Minha meta é sair do treino com ela vazia. Enquanto trabalho,

---

20 VIEIRA, P. **O poder da autorresponsabilidade**: a ferramenta comprovada que gera alta performance e resultados em pouco tempo. São Paulo: Gente, 2018. p. 26.

repito a ação no período da manhã e da tarde, tomando o conteúdo de duas garrafas cheias. Termino o dia ingerindo cerca de 3 litros de água.

É um compromisso que estabeleci comigo e que sempre honro, faça chuva, faça sol; faça calor, faça frio. Já ouvi de amigas que não conseguem cultivar esse foco e essa disciplina. Alegam que têm preguiça de beber água, que o líquido esquenta na garrafa, que vivem apressadas para ficar esvaziando e enchendo a sua, que evitam ir ao banheiro fora de casa... Mesmo que eu argumente sobre a importância de hidratar o corpo, ensine meu jeito de conseguir, esclareça que as garrafas atuais mantêm a temperatura e que há de vários tamanhos, elas continuam dando desculpas (e com a boca seca).

Trazer esse exemplo para ilustrar a questão da consistência é uma provocação para que mais pessoas cuidem da própria saúde – quanto mais o fizerem, mais terão. Você vai esperar ficar sem saúde para começar a se cuidar? É algo tão simples, básico, que dá para você melhorar todos os dias. Pare de criar dificuldades dentro da sua cabeça e comece já a cuidar da sua saúde. Se você não cuidar, ninguém o fará por você. E, depois que perder, não adianta chorar.

Que tal começar a explorar o poder do 1% com algo que você sabe fazer desde que nasceu, que é beber água? Quando a rotina da pessoa está agitada demais, muitas vezes ela deixa de lado esse e outros hábitos saudáveis, como reservar um tempo para si. Na minha percepção, a saúde (física e mental) sempre virá em primeiro lugar, porque ela nos dá vitalidade para construir todo o resto. É o meu principal valor de vida.

Constatar que é possível tomar três litros de água por dia cria a mentalidade de que, assim como você fez com essa meta, pode fazer com outras. **É preciso enxergar com clareza o que se quer e se**

dispor a ir atrás. Como você quer batalhar pelos seus sonhos sem cuidar da pessoa mais importante – você? Sem autocuidado, como ficará forte para alcançar o que deseja? Não se engane: o sucesso depende do autocuidado.

Vamos exercitar?

Para conseguir beber ao menos dois litros de água por dia, experimente seguir este plano:

1. Deixe uma garrafa de água sempre à vista.
2. Beba um copo de água ao acordar.
3. Leve uma garrafa de água para o trabalho/escola.
4. Vá reabastecendo de modo a tomar um litro até a hora do almoço e outro até o início da noite.
5. Repita a ação diariamente, mesmo se não sentir sede.
6. Monitore quantos litros está bebendo por dia para se sentir confiante para continuar. Se, para você, beber dois litros for muito, ajuste a quantidade e aumente gradualmente para garantir os benefícios.

MONTE PLANOS DE AÇÃO COM BASE NO 1% DIÁRIO

Acreditar no poder de executar diariamente faz a diferença. Com essa mentalidade, concentro-me no processo e desfruto das boas ações que implemento, por entender o significado delas para meu objetivo final. No exemplo da água, tenho pensamentos e sentimentos positivos a cada dia que consigo ingerir a quantidade a que me proponho, por saber que estou cuidando de mim, me dando saúde e vitalidade.

As transformações extraordinárias no time de ciclismo profissional britânico ilustram muito bem esse conceito, mostrando que o progresso sistemático e a busca pela excelência são essenciais em qualquer área.[21] Em 2003, a equipe passava por uma crise sem precedentes. Míseras medalhas e verbas, faltando dinheiro até para pagar a luz do velódromo nacional. O plano de mudanças incluiu contratar o técnico Dave Brailsford, que executou pequenas áreas de melhoria no desempenho dos atletas, defendendo que essa filosofia levaria a um grande efeito cumulativo.

Algumas ações implantadas: melhorias na ergonomia e no ajuste das bicicletas, visando melhor adaptação ao corpo dos ciclistas; planos de nutrição personalizados; estratégias de descanso e de recuperação; análise cuidadosa do treinamento com novas técnicas e tecnologias, como simuladores de competição. Os resultados vieram, com um salto no quadro de medalhas de 2008 a 2012 e a vitória no Tour de France (a meta mais ambiciosa do treinador e sua equipe).

É preciso ser paciente e persistente diariamente, até que as ações necessárias se tornem hábitos. Para isso, convém facilitar sua vida ao máximo. Por exemplo, colocando a garrafa cheia de água sempre do seu lado, como eu faço. Assim como separar a roupa que usará em um compromisso no dia seguinte facilita chegar pontualmente. O inverso é verdadeiro. Se eu quero afastar um mau hábito, procuro me distanciar dele.

Tive um mentoreado da área de tecnologia que queria assumir a gestão de uma equipe. Era um excelente técnico, com dificuldades de relacionamento. Precisava aprender a inspirar as pessoas a trazerem ideias e a escutá-las para identificar a melhor solução, sem alterar seu tom de voz e sua expressão corporal diante de uma opinião divergente.

---

21 DETALHES tão pequenos: os ajustes que transformaram o ciclismo britânico em força global. **Globo**, 25 set. 2020. Disponível em: https://ge.globo.com/olympicchannel/noticia/detalhes-tao-pequenos-os-ajustes-que-transformaram-o-ciclismo-britanico-em-forca-global.ghtml. Acesso em: 18 out 2024.

É PRECISO SER PACIENTE E PERSISTENTE DIARIAMENTE, ATÉ QUE AS AÇÕES NECESSÁRIAS SE TORNEM HÁBITOS.

EFEITO 1%
@RAQUELCOUTOH

Uma meta era promover reuniões mais sadias e mais respeitosas, nas palavras dele.

Então, seu objetivo final era se comunicar melhor no dia a dia, mantendo um padrão que levasse a equipe a progredir junto com ele. Entre as iniciativas que entraram no seu plano de ação estavam treinar o autocontrole nas reuniões em situações adversas, estudar profundamente o assunto para ter a propriedade de avaliar possíveis sugestões, escutar todas as pessoas antes de falar e procurar entender o que estavam propondo antes de avançar por algum caminho, além de encontrar uma maneira de discordar sem agressividade.

A cada sessão da mentoria, durante três meses, esse profissional trazia sua avaliação sobre as tarefas realizadas e o impacto delas no relacionamento interpessoal, para que pudéssemos incrementá-las. Por exemplo, combinamos que ele daria mais tempo para conversar com membros da equipe, a fim de ajudá-los a organizar melhor o dia usando recursos tecnológicos. A meta era fazer isso com três pessoas por semana.

Ao implementar essas e outras ações, foi conquistando a confiança do time. Tornou-se gestor, e o feedback da equipe e de seus superiores foi de que ele havia mudado (para melhor!) a forma de se relacionar! Na nossa última conversa, eu o incentivei a manter os benefícios sendo consistente na mudança e continuar fazendo pequenas melhorias na sua liderança.

CONHEÇA PEQUENAS TÉCNICAS PARA GRANDES RESULTADOS

Um plano bem-feito, com o foco certo, facilita uma execução bem-sucedida. Por isso, selecionei algumas técnicas que vão ajudar você a definir prioridades, clarear sua meta no momento, impulsionar pensamentos e sentimentos positivos em relação ao seu objetivo maior e tratar seu real problema (em vez do sintoma). Vamos a elas:

Para definir prioridades

Gosto muito do Sistema ABCDE, ensinado pelo Brian Tracy,[22] especialista em administração de tempo, e incentivo todo mundo a pô-lo em prática, porque ajuda a identificar se os maiores desafios do seu dia foram devidamente atendidos. Você vai listar todas as suas tarefas e colocar ao lado de cada uma a letra que representar o nível de consequência, sendo:

- **A** para gravíssima (com sérios problemas se não fizer e excelentes efeitos se priorizar);
- **B** para média;
- **C** para leve ou nenhuma se não fizer;
- **D** para aquilo que pode delegar;
- **E** para o que precisa eliminar (mesmo que tenha dado certo no passado, não dá mais, e você precisa tirar isso da sua vida).

Você nunca faz um B sem que tenha concluído um A. Menos ainda fazer um C sem que tenha completado um B e um A. E assim por diante. Com essa sequência de letras, conseguirá ajustar seu foco e sua produtividade pelo critério de consequências. Eu utilizo com frequência o sistema ABCDE e tenho um cuidado extra: garantir que

---

[22] GASPARINI, C. O segredo dos hiperprodutivos é mais simples do que você imagina. **Exame**, 18 abr. 2017. Disponível em: https://exame.com/carreira/o-segredo-dos-hiperprodutivos-e-mais-simples-do-que-voce-imagina. Acesso em: 10 out. 2024.

minha lista diária de tarefas tenha duas que vão me gerar resultados importantes. Isso me ajuda a evitar focar o que é mais fácil e menos recompensador.

Para clarear sua meta
O termo em inglês SMART é um acrônimo representando cinco critérios que uma meta deve possuir: específica (*specific*), mensurável (*measurable*), atingível (*attainable*), relevante (*relevant*) e com prazo definido para ser alcançada (*time-based*). Serve como uma regra para trazer clareza, até mesmo sobre quais ações você precisa tomar. O conceito foi criado em 1981 pelo consultor norte-americano George T. Doran, que publicou um artigo na revista *Management Review* a respeito.[23]

Por exemplo, para um objetivo mais global ("quero ter boa saúde"), são necessárias várias metas e cada uma deve atender a esses cinco critérios ("quero reduzir cinco quilos nos próximos seis meses e estar pesando 55 quilos, com 15% de gordura no próximo Réveillon"). Ter essa clareza permite que você destrinche as ações necessárias para uma evolução diária e consistente até alcançar seu objetivo.

Precisamos ter um direcionamento baseado em informações concretas para que saibamos o que queremos atingir e o que devemos fazer para alcançar essa meta. Para publicar este livro, por exemplo, defini um prazo com a editora e um cronograma de ações de trás para a frente, a fim de chegarmos na noite do lançamento (a meta) com o livro pronto, entregue na livraria, para ser autografado. Cada detalhe

---

23   METAS SMART: como usar para alcançar seus objetivos. **Fia Business School**, 13 out. 2020. Disponível em: https://fia.com.br/blog/metas-smart. Acesso em: 18 out. 2024.

foi estudado, do conteúdo à parte visual, do marketing envolvido à produção de fotos, para ser um projeto único.

Para escapar de justificativas que só atrasam o nosso agir

Só devemos nos fazer a pergunta "por quê?" se a resposta nos impulsionar para pensamentos e sentimentos positivos, em vez de justificativas ("*Por que* a minha vida é assim?"). Imagine esta conversa interna:

— *Por que* estou lendo este livro?
— Para ter uma mentalidade mais forte a cada dia.
— E *por que* isso é importante para mim?
— Para conseguir sair da estagnação e conquistar vários sonhos.

A intenção desse "por quê?" é buscar os resultados de que precisa. Do contrário, é melhor substituir a pergunta por "para quê?", que favorece enxergar a solução.

Para tratar o problema, não o sintoma

O guru Peter Drucker tem uma frase preciosa: "Não há nada tão inútil quanto fazer eficientemente o que não deveria ser feito".[24] Para organizar a mente, a fim de enxergar seu real problema, a oportunidade de crescimento que ele traz e a melhor solução, sugiro que se faça esta sequência de perguntas:

1. **O que eu estou chamando de problema?** Quanto mais clara e específica for a resposta, melhor.

2. **Dentro da definição anterior, o que essa situação quer me dizer?** Lembre-se: muitas vezes o que parece ser um problema

---

[24] DRUCKER, P. *In:* PENSADOR. Disponível em: www.pensador.com/frase/MTU2ODg2Mw/. Acesso em: 5 fev. 2025.

é, na verdade, uma oportunidade de testar – ou melhor, desenvolver – suas habilidades. Por exemplo, você pode estar infeliz no emprego (esse é só o sintoma do problema real) por resistência a mudança, talvez comodismo ou crença de que todos os empregos são iguais – e trabalhar isso deve ser seu foco.

3. O que mais é meu problema? Repita essa pergunta umas sete vezes, procurando ir mais fundo na situação, de modo que alcance novas definições sobre o que é o problema – na grande maioria dos casos, não é a primeira definição apresentada.

4. O que realmente ocorre que preciso frear? Após chegar ao real problema, busque clareza de como ele ocorre, visando impedir que continue.

5. Como soluciono? Levante pelo menos três soluções (que tal aplicar a técnica SMART?) para o verdadeiro problema, verificando qual é a melhor para o momento atual.

Com essa investigação em mãos, é hora de traçar um plano de ação adequado (caso decida resolver depois, estabeleça um prazo para esse planejamento), momento em que poderá se fazer mais duas perguntas:

6. Alguém vai me ajudar? Se sim, eleja quem poderá apoiar você na execução do plano.

7. Como saber que o problema foi resolvido? Quanto mais você treina sua mente a focar a solução, em vez de alimentar o problema, mais hábil estará a médio e longo prazo para resolver conflitos.

Observação: quando o problema está menor, e você o resolve, evita outros maiores. E todo problema solucionado hoje abre portas para um novo nível de problema a ser resolvido amanhã. Ou seja, cada vez que superamos um desafio, abrimos espaço para novos aprendizados e transformações. Este é o ciclo do crescimento: resolver um problema nos leva a enfrentar uma nova oportunidade de evolução. Por isso é tão importante manter a mentalidade forte e estar pronto para a próxima fase.

8

PASSO 5 – APOIO: CRIE UMA REDE DE SUPORTE

"Descubra o que realmente quer. Só assim deixará de ficar caçando borboletas e começará a cavar em busca do ouro."

WILLIAM MOULTON MARSTON[25]

Ajuda, suporte, amparo, aconselhamento, estímulo, informações preciosas, esclarecimentos, críticas construtivas, uma boa conversa... É importante poder contar com pessoas de confiança, dispostas a contribuir de variadas formas com sua caminhada. Buscar grupos que estejam na mesma direção, com objetivos semelhantes, para haver incentivo mútuo. E escolher mentores para orientá-lo sobre os melhores caminhos, alertar sobre os duvidosos, não deixar que você desista de sempre fazer seu 1%.

O foco aqui não é fazer amizades, socializar, ter companhia para relaxar e se divertir, embora tudo isso possa ocorrer em paralelo.

O OBJETIVO É SE CONECTAR COM PESSOAS HONESTAS E GRUPOS QUE ESTÃO NA MESMA VIBRAÇÃO DE BUSCAR GRANDES

---

25 MARSTON, W. M. *In:* TRACY, B. *op. cit.*

TRANSFORMAÇÕES COM PEQUENAS ATITUDES DIÁRIAS, PARA CONSTRUIR JUNTO COM VOCÊ UMA ESTRADA DE REALIZAÇÕES DE IMPACTO.

É juntar-se àqueles que fazem coisas que despertam sua admiração, têm visão de mundo e valores compatíveis com os seus e darão apoio aos seus esforços para alcançar objetivos.

No meu caso, faço parte de algumas redes de apoio. Uma delas é formada por profissionais de várias áreas de atuação querendo viver experiências muito além das redes sociais, monetizar o próprio talento e manter a competitividade explorando as oportunidades da internet. É muito bom saber que, se eu ligar para tirar dúvidas ou pedir uma indicação, serei apoiada na minha necessidade. Partilhamos o mesmo desejo de crescer no meio digital e podemos nos ajudar no manuseio de novas tecnologias, por exemplo. Há muita troca de conhecimentos e competências que geram aprendizados e melhorias no trabalho de todos.

Se você também quer, como eu, oferecer mentorias de excelência on e off-line, lançar livros best-sellers e palestrar para grandes plateias, como vai conseguir isso se passar boa parte do seu tempo em uma roda de bar? São objetivos distintos. De novo, é preciso procurar se aproximar de pessoas que estejam na mesma sintonia que você, com o mesmo tipo de interesse e com as crenças positivas que você precisa reforçar. Eu tive de aprender como me relacionar melhor e testei maneiras de conquistar esse tipo de apoio. Selecionei as que mais ajudarão você a ser bem-sucedido no seu Efeito 1%:

JUNTE-SE ÀQUELES QUE FAZEM COISAS QUE DESPERTAM SUA ADMIRAÇÃO.

EFEITO 1%
@RAQUELCOUTOH

ESCOLHA COMO TRANSITAR EM CADA GRUPO

Olhando para seu plano de executar 1% diariamente, você vai contar com o apoio de quem? Buscará se aproximar ou se afastar do pessoal com qual perfil? E continuará se relacionando com quais turmas? Há pessoas que realmente vão estar na sua rede de apoio, e há aquelas com as quais você vai descontrair, conversar etc. Existem ainda outras com as quais deve limitar seu tempo e energia por divergirem de objetivos e interesses ou por não oferecerem nada de construtivo.

O SEGREDO É TRANSITAR PELOS GRUPOS COM A EXPECTATIVA ADEQUADA, EVITANDO A FRUSTRAÇÃO DE ESPERAR APOIO DE PESSOAS QUE PODEM DAR OUTRAS COISAS, MENOS O QUE VOCÊ NECESSITA RECEBER NAQUELE MOMENTO.

Essa clareza sobre com quais grupos conviver, e de como vai querer transitar em cada um, evita que você fique imerso naqueles que atrasam sua vida ou sugam seu melhor.

Para quem está se empenhando em emagrecer, por exemplo, pode ser interessante fazer programas com quem curte refeições *fit* e atividade física. Está de cabeça quente? Saia com aquela turma que é ótima para tomar um vinho e escutar seus desabafos de vez em quando. Quer fazer seu negócio girar com um lançamento? Escolha alguém do seu entorno mais experiente em gestão e vendas para conversar e trazer insights.

TENHA CONSCIÊNCIA DE SEUS PONTOS CEGOS

Todos nós temos pontos cegos. São aqueles que eu não consigo enxergar e o outro vê com clareza. Então, a estratégia é buscar o que o outro está enxergando que eu não estou e que vai contribuir na minha evolução pessoal e profissional. Sabe onde está nosso maior ponto cego? No rosto. Eu me refiro às expressões faciais que adotamos conforme a situação, revelando o que estamos pensando e sentindo na essência. Já parou para pensar que, a menos que estejamos na frente de um espelho, somente os outros estão vendo as nossas reações?

A quem diga que é mestre em fazer "cara de paisagem", sem denunciar alegria ou tristeza, medo ou aprovação, raiva ou desejo, curiosidade ou desprezo, nojo ou surpresa... Eu questiono. Quem conhece um pouco de comunicação não verbal percebe as microexpressões. E o olhar é incontrolável. Tanto que há estudos mostrando que as pupilas dilatam quando estamos apaixonados. Então, por maior que seja o controle da pessoa para não mostrar no rosto o que se passa em seu interior, nunca será 100% aos olhos do outro.

Se aquilo que pensamos e sentimos pode ser perceptível aos que nos rodeiam, especialmente os bons observadores, podemos esperar que aqueles em quem confiamos nos pontuem sobre nosso ponto cego, aquilo que nós não conseguimos ver. Muitas vezes, não nos damos conta de que estamos no trabalho, participando de algum projeto em grupo, de "cara fechada" ou "cara feia" por um motivo inconsciente. E ter alguém que nos alerte para isso é de grande valia.

DESCONHEÇO QUEM NÃO TENHA PONTOS CEGOS. E TER ALGUÉM DO NOSSO LADO PARA DAR FEEDBACKS SINCEROS FACILITA DEMAIS A

PERCEPÇÃO DAQUILO QUE NÃO ESTÁVAMOS ENXERGANDO EM NÓS MESMOS.

Essa pontuação do outro precisa ser imediata ou próxima do acontecido. Caso contrário, a tendência natural é de irmos, com o tempo, distorcendo a situação em nosso favor. Nós somos seres de distorções. Pensamos sobre a realidade adicionando significados e interpretações (como culpa ou julgamento precipitado) de acordo com nossa história de vida e crenças. Sendo assim, se você me der feedback sobre algo que fiz três meses atrás, talvez eu resista a aceitar e até negue ("engano seu, jamais fiz isso" ou "foi diferente de como você está contando").

BUSQUE FEEDBACKS CONSTRUTIVOS

Faça isso regularmente e utilize as informações para se desenvolver. Vou dar um exemplo pessoal. Certa vez, gravei um curso e pedi a algumas pessoas que assistissem ao vídeo editado. Elas disseram não ver problemas. Não comercializei na época e mais recentemente mostrei a um novo parceiro de negócios, que me avisou: "Essa pessoa que está nesse vídeo não reflete quem você é". Ele me disse que dava para perceber que eu lia um *teleprompter*, e que uma alternativa para deixar um pouco mais natural seria acelerar a velocidade do vídeo. Nas entrelinhas, me alertou que estava ruim.

Eu o agradeci pela sinceridade, pois era isso que buscava para aprimorar minha performance. Em seguida, combinamos que eu colocaria esse vídeo no mercado de maneira gratuita, enquanto gravaríamos outro para vender no momento oportuno. Sobre a diferença de feedbacks, pensei: *das duas, uma – ou encontrei alguém com olhar muito mais crítico ou os outros não pontuaram suas verdadeiras opiniões por quererem me agradar.* As pessoas, no geral, temem falar o que precisa ser dito por imaginar que o outro vai levar para o lado pessoal e se ressentir. Se aprendermos a receber distinguindo nossa identidade do comportamento específico avaliado, por consequência também vamos afastar o medo de dar feedback.

Na minha percepção, aprender a receber feedback importa mais do que aprender a dar, pois nos torna receptivos às informações que chegam, treinando-nos para selecionar quais vamos levar para a vida, colocando-as em prática, e quais dispensaremos.

MUITAS VEZES, CHEGAM CRÍTICAS CONSTRUTIVAS, DESAFIADORAS, CAPAZES DE NOS TIRAR DA ZONA DE CONFORTO, E ENCONTRAMOS NELAS OPORTUNIDADES DE CRESCIMENTO. ESSA PRÁTICA TRANSFORMA MENTALIDADES E ACELERA RESULTADOS.

SEPARE ACHISMO DE FEEDBACK

Vale esclarecer: falar sobre o comportamento do outro, sem se basear em fatos e dados, não é feedback. O nome disso é achismo. Então, chamar alguém de desorganizada é diferente de falar que passou pela mesa dela e viu papéis espalhados, post-its para todos os lados e pratinhos descartáveis com migalhas de pão.

Nesse feedback é interessante emendar com perguntas e sugestões de como essa pessoa pode se organizar e mostrar os benefícios. Por exemplo: "O que eu vi na sua mesa hoje me pareceu desorganização. Será que dedicar uns minutinhos diários para colocar os papéis na ordem que precisa para seu trabalho vai facilitar sua vida? Se fizer isso regularmente, eu aposto que você ganhará tempo e eficiência". Dessa forma, você está se baseando no que viu, e não julgando a pessoa como desorganizada.

BUSQUE UM MENTOR

Mentor é aquela pessoa que já percorreu a caminhada que você está trilhando, tem experiência naquela área que você quer se desenvolver e vai apoiá-lo não apenas elogiando e motivando. O mentor vai cobrar atitudes por determinado tempo e trazer pontos cruciais para que você evolua em um objetivo específico e desenvolva aquilo que precisa potencializar em si mesmo, ajudando-o a persistir e avançar.

Você pode encontrá-lo na sua rede de apoio ou recorrer a um colega mais experiente. Eu, pessoalmente, prefiro contratar um mentor profissional e remunerá-lo por isso. Nem que seja por um valor simbólico, para que seja uma relação mais profissional, um processo mais estruturado, com reuniões pré-agendadas, comprometimento de estar comigo e de me mostrar resultado. Enfim, um combinado a ser cumprido por ambas as partes.

PARE DE BUSCAR RECONHECIMENTO FAMILIAR

Nessa busca por apoio, pode ocorrer de se deparar com parentes que não valorizam o que você tem para dar. Se parar para pensar, já deve ter vivido situações nas quais pai, mãe, irmãos ou tios não tiveram a capacidade de reconhecer seu esforço, sua preocupação e sua dedicação à família. Há uma explicação e está relacionada com a mentalidade deles. É porque o conhecem desde sua infância ou adolescência e se acostumaram a vê-lo nesse passado.

É possível que sua família seja a última a reconhecê-lo como profissional, com ambições, desejos e interesses próprios. Muitas pessoas travam o próprio caminho porque ficam buscando um reconhecimento familiar que não vem. Se há algo a ser feito é seguir sua vida sem depender dessa validação.

NO PROPÓSITO DE CONSTRUIR SEU 1% AO DIA, É IMPORTANTE FOCAR AQUILO QUE QUER PARA TER O PRÓPRIO RECONHECIMENTO. VOCÊ COM VOCÊ, VALORIZANDO CADA DEGRAU. RECONHEÇA QUE ESTÁ CRESCENDO, SIGA EM FRENTE, EM VEZ DE QUERER A APROVAÇÃO DO OUTRO.

APRENDA A PEDIR AJUDA

É uma dificuldade que a maioria das pessoas precisa encarar. Eu entendo, porque já passei por isso, até perceber que ninguém sabe tudo. Muitas vezes, você pode até treinar para realizar algo, só que isso vai demandar tempo e esforço, compensando chamar um especialista naquilo, pela precisão e agilidade. A energia que gastaria é grande – e é melhor redirecioná-la para seu foco principal.

Está com dificuldade de se entender, precisando de autoconhecimento? Peça ajuda para um mentor, um psicólogo, seja lá quem for. Pare com essa ideia de querer resolver tudo sozinho, porque nós precisamos de outras pessoas em vários momentos da vida. Quando contamos com a ajuda necessária – que é um tipo de apoio –, querendo ou não, torna-se muito mais leve passar pelas situações que fazem parte do processo de crescimento. E quanto mais você obtém ajuda de pessoas incríveis, mais eficiente é o seu resultado.

Às vezes, escolhemos as pessoas erradas para pedir ajuda ou orientação. Siga em frente e busque outras com uma mentalidade que admire. Lembrando que não devemos idolatrar ninguém, colocar em um pedestal, transformar em guru e seguir cegamente o que fala. Sou completamente a favor de questionar. Fez sentido para você? Ok. Ter esse hábito é prudente especialmente em tempos de "felicidade instagramável". Explico.

Muitas pessoas mostram fotos impecáveis e uma vida perfeita nas redes sociais, sendo que, entre quatro paredes, lidam com realidades bem diferentes. Para manter o discernimento, gosto de pensar que a pessoa mais genial nas suas palavras, capaz de influenciar milhões de pessoas, tem qualidades e defeitos, pontos fracos e fortes, igual a todo mundo. E que minha necessidade pode ser a dela também. Cabe a mim questionar em quais aspectos vou me inspirar nela, confiar no que diz e faz, e em quais não.

PREPARE SEU ESTADO MENTAL E EMOCIONAL

Para me relacionar melhor com as pessoas, passei a prestar atenção em dois pontos. O primeiro é em como chego a algum lugar. Às vezes, sem perceber, estou de cara séria, fechada. Então tem sido um processo diário, para mim, sorrir mais, me mostrar mais receptiva às pessoas. O segundo ponto que trabalho dentro de mim: como posso olhar o outro sem fazer julgamento. Por estudar bastante a questão dos significados, penso que é um indivíduo, com seus erros e acertos, qualidades e defeitos, pontos fortes e fracos. Então, procuro interagir e me conectar sem julgar a pessoa.

Dependendo de como entramos em um ambiente e nos aproximamos de alguém, cumprimentamos, iniciamos uma conversa, estamos automaticamente favorecendo ou dificultando a criação de conexões. E devemos ficar atentos a isso, pois essa abordagem pode ser decisiva para o relacionamento que desejamos construir.

PROCURE INTERAGIR E SE CONECTAR SEM JULGAR A PESSOA.

EFEITO 1%
@RAQUELCOUTOH

Nem sempre receberemos o tratamento de que gostaríamos, só que o comportamento do outro não define o seu. O outro foi agressivo, então devo devolver na mesma vibração? Lembre-se: você não é o outro. Agir de acordo com seus valores é uma estratégia que fará você progredir 1% ao dia.

AVALIE QUANDO MUDAR DE AMBIENTE

Eu já mencionei aqui diversas vezes quão importante é o ambiente durante esse processo. Quando você toma consciência de que o ambiente influencia para o bem ou para o mal, começa a selecionar em quais compensa estar. Por exemplo, comprei uma mentoria e depois não fiz nada do que foi proposto, porque não me identifiquei com as ideias daquele mentor. O que ele queria que eu fizesse não estava alinhado aos meus valores. Infelizmente, perdi dinheiro e aprendi a me informar melhor antes de contratar serviços oferecidos na internet.

Quanto aos ambientes que você frequenta, se alguns não estão ajudando no seu desenvolvimento, pode mudar ou, ao menos, restringir o tempo que passa neles, o tipo de conversa, seu envolvimento emocional, protegendo-se, assim, de ser prejudicado de alguma forma. Você faz seu papel ali e pronto. Digamos que tenha um relacionamento ótimo com uma parte da família, que torce pelo seu sucesso e vibra com cada vitória; há outra parte que sente ciúme ou gosta de julgar. Você tem o direito de dosar sua interação e entrega, que serão maiores para o primeiro grupo, concorda?

Mesmo o grupo que mais apoia suas iniciativas hoje pode ter um prazo de validade. Sabe qual é? Pelo tempo que, na sua percepção, as pessoas estiverem evoluindo junto com você. Se está nesse ambiente agregando aos outros, e eles não estão mais o acompanhando como antes, pararam de crescer e não há troca, talvez seja hora de repensar a permanência na sua rede de apoio. Esse e outros tipos de ajustes são bem-vindos de tempos em tempos. Lembre-se: estar com pessoas no mesmo patamar (e vibração) ou acima desafiará você a continuar melhorando.

9

PASSO 6 – AJUSTES: REVISE E VALORIZE AS CONQUISTAS

"De maneira geral, qualquer indivíduo deve muito pouco ao que trouxe consigo ao nascer – o indivíduo é aquilo que faz de si mesmo."

ALEXANDER GRAHAM BELL[26]

Para o sucesso de todo projeto, é necessário ajustar o que não está funcionando e valorizar o que vai bem, a fim de que fique melhor ainda. Com o Efeito 1%, por ser um método de pequenas ações diárias que levam a um progresso gradual e constante, fazer essa revisão periódica é muito importante – até mesmo para você saber em qual aspecto não está evoluindo e corrigir antes que a dificuldade cresça.

Alguém que vivia endividado e está mudando, por exemplo, vai monitorar diariamente seu comportamento financeiro e a movimentação das suas finanças. Cortou os excessos prometidos? Tirou o cartão de crédito da carteira e está mesmo andando só com dinheiro até se habituar a gastar apenas o que tem? Este capítulo é sobre habituar-se a revisar tudo que vem fazendo de diferente para ter resultados igualmente diferentes.

---

26   BELL, A. G. *In:* TRACY, B. *op. cit.*

UMA DECISÃO NÃO PRECISA SER PARA SEMPRE. ELA PODE SER REVISADA.

EFEITO 1%
@RAQUELCOUTOH

TIRE UM TEMPO PARA REFLETIR SOBRE O QUE ESTÁ FAZENDO, QUERENDO E ALCANÇANDO. FAZ, REVISA, FAZ, REVISA – SEMPRE CONFERINDO EM QUAL PATAMAR DE MUDANÇA VOCÊ ESTÁ.

Impossível ter 100% de garantia de que um plano de ação vai dar certo. Os resultados podem vir abaixo do que você espera, sendo prudente repensar e se reprogramar. Às vezes, você tem um plano bem-feito, só que se distrai do foco ou repete erros... e precisa de uma nova direção, mantendo constância nas próximas atitudes até conquistar o que deseja. Falhou de novo? Mude o necessário. É muito mais produtivo do que se obrigar a continuar algo que está se revelando, na prática, ineficiente.

Para dar um exemplo simples, às vezes eu compro um livro cheia de expectativas de que vou aprender muito e constato que já passei por essa fase. Quando li o título, pensei que era uma coisa. Comecei a ler e realmente só me agregou em alguns pontos. Sigo para outro. Isso é diferente de uma pessoa decidir e, em seguida, titubear por falta de confiança.

Uma decisão não precisa ser para sempre. Ela pode ser revisada.

É como ter um plano de voo na mão e ir adaptando, melhorando. Vai que o "avião" tem uma falha técnica? Isso já me aconteceu literalmente. Voltamos para a cidade do embarque e mudamos de aeronave para viajar ao nosso destino. Caso contrário, talvez eu não estivesse viva para contar essa história. Quer dizer, mesmo tomando a decisão, há o risco de ocorrerem imprevistos ou situações que fogem ao nosso controle e exigem uma nova escolha indelegável: você pode tanto persistir, apostando que valerá a pena, ou dar um passo atrás e reanalisar o trajeto.

Vamos exercitar?
Imagine seus resultados como um quebra-cabeça. Cada peça representa uma decisão, uma atitude, uma experiência envolvida no seu processo de executar 1% ao dia. Considerando que você está aplicando o método deste livro sendo proativo, buscando conhecimento e aprimorando suas habilidades com consciência e determinação, é provável que tenha à sua disposição uma variedade de peças para construir algo único e vibrante. Lembre-se: para montar a imagem completa, precisa estar no controle dos seus pensamentos, sentimentos e ações. Só assim vai escolher as peças certas, aquelas que se encaixam no quebra-cabeça sem forçar. Se algumas ficarem de fora, por não se encaixarem em lugar algum, significa que há ajustes a serem feitos, entendendo o motivo desse desencaixe e revisando para que atinja seus objetivos sem deixar nada sobrando da próxima vez.

A REVISÃO NA PRÁTICA

Há várias maneiras de acompanhar o que você está fazendo e realizar os ajustes necessários. Vou indicar quatro que recomendo aos meus mentoreados:

1. Reduzir o grau de exigência

Por exemplo, na prática da hidratação que tratamos no capítulo 7, se beber de 2 a 3 litros de água por dia é difícil para você nesse momento, reduza para a quantidade que consegue. E vá implementando o hábito aos poucos até atingir a que seu médico recomenda, conforme o parâmetro do seu corpo (peso, idade etc.).

2. Monitorar seu progresso semanal

Um ótimo artifício de verificação do seu desenvolvimento é anotar o que você está fazendo diariamente em prol do seu Efeito 1% e fazer uma revisão desses passos a cada sete dias, pelo menos. Sugestão: quando a sexta-feira estiver terminando, analise como foi a última semana para que possa, no domingo à noite, organizar a seguinte dando continuidade ao que está indo bem e ajustando o que não funcionou até então. Encare como uma oportunidade de refletir, reforçar objetivos e ter elementos concretos para decidir seus próximos passos.

Vai dar trabalho anotar seu progresso diário? Provavelmente sim... pelo menos até essa ação virar um hábito. Hoje em dia, há vários aplicativos que podem ajudar você a fazer isso, e de maneira rápida – como Google Keep, OneNote, Trello, Evernote e Notion –, com seus cadernos, seções e páginas para manter conteúdos organizados, reunir tarefas de modo simplificado para seus projetos, monitorar o status de cada um, adicionar blocos de texto, imagens, vídeos e arquivos.

Além disso, somente o que pode ser medido é gerenciável. Igual à prática da musculação, quando registramos no aplicativo as séries realizadas em cada treino e a carga utilizada. Se você pretende fazer os mesmos exercícios dois dias depois, vai olhar no aplicativo e saberá qual peso utilizou para melhorá-lo um pouquinho, e assim evoluir com consistência.

3. Treinar a visualização positiva

Neste ponto do método Efeito 1%, você já colocou no papel seus desejos para ter clareza e está agindo para concretizá-los. Como reforço, visualize diariamente e agradeça como se já tivessem acontecido. Imagine-se alcançando o objetivo desejado com riqueza de detalhes sensoriais sobre as etapas para criar experiências vívidas. Aproveite o exercício para revisar se há algo mais que deseja acrescentar ou aprimorar na sua lista.

A visualização funciona como combustível extra para buscar constância nas ações, integrando mente e emoções, e também para que reflita sobre o que quer melhorar, favorecendo a atualização constante do seu processo de transformações. Há outros meios de obter esses benefícios. Eu, por exemplo, tenho na cabeceira da cama o *Diário estoico*, de Ryan Holiday e Stephen Hanselman,[27] uma obra que traz uma seleção de pensamentos, acompanhados de comentários, da corrente filosófica estoica para expandir a compreensão do mundo e experimentar novas maneiras de agir e pensar sobre as adversidades e os acontecimentos. Leio uma lição por noite e relaciono mentalmente com o que estou fazendo no meu 1%.

4. Criar critérios para medições parciais

Se você está seguindo um plano para emagrecer, pode subir na balança semanalmente e ela vai dizer se está progredindo. Para outros objetivos, especialmente os comportamentais, que são mais subjetivos, você deverá criar seus próprios critérios de medição de resultados parciais. Por exemplo, se quer melhorar sua maneira de se relacionar com as pessoas, no fim do dia pode se perguntar: "Com quantas pessoas eu briguei hoje? Consegui reduzir de cinco para duas em relação à semana passada?". Se hoje você perdeu a paciência somente com uma, evoluiu bastante.

Entretanto, se o que você fez não deu o resultado esperado, precisa verificar o que está acontecendo. Vamos supor que trabalhe com

---

[27] HOLIDAY, R; HANSELMAN, S. **Diário estoico**: 366 lições sobre sabedoria, perseverança e a arte de viver. Rio de Janeiro: Intrínseca, 2021.

vendas e queira conquistar dez clientes qualificados. Conseguiu agendar reuniões com seis (60% da sua meta), porém só um apareceu. Provavelmente os outros cinco não eram qualificados. O que fará de diferente na próxima vez? Vale rever seus parâmetros para atrair aqueles clientes que você quer.

VALORIZE AS PEQUENAS CONQUISTAS

Além de ajustar o que é preciso, você comemora o que caminha bem? Se demorou para responder, saiba que o mais comum é as pessoas sentirem dificuldade de valorizar seu progresso. Isso acontece porque estão sempre esperando por algo grandioso. Só que são essas pequenas conquistas que trarão as grandes. Então, incentivo aqui a reconhecer as suas e a comemorar de alguma forma, se parabenizar, vibrar com sua capacidade de mudança.

Pensemos em uma pessoa que era "gastona" e está se esforçando para pôr a vida financeira em ordem. Resistir a uma passadinha na loja predileta que está em liquidação é passar a acreditar que cada atitude correta conta – e isso vai se somar a outras que a levarão ao sucesso do seu objetivo. É você fazendo a diferença *para* você e *por* você. Aos funcionários que se propõem a participar dos meus treinamentos corporativos, eu reforço sua pequena conquista: "Cada um que decidiu estar aqui não está treinando para a empresa; ela será beneficiada, lógico, só que seu ganho é maior por ficar com a experiência e o conhecimento acumulado para sua própria transformação".

Há diversas maneiras de comemorar, sempre com sorriso no rosto e sentimento de gratidão, a percepção de ter alcançado algo muito bom. Estou falando daquela sensação de *accomplishment*, palavra em inglês que significa ter concluído uma ação com sucesso; sinônimo de realização, obtenção, feito, façanha, proeza. Não precisa ser nada esfuziante. É, ao menos, pensar "Feito, que bom!", sentindo-se orgulhoso, em vez de um desanimado "Tá bom, cumpri". Como comentei anteriormente, quando nós sentimos, e não apenas pensamos, cada 1% ganha mais sentido e serve de alavanca para persistirmos em novas conquistas.

É VOCÊ FAZENDO A DIFERENÇA PARA VOCÊ E POR VOCÊ.

EFEITO 1%
@RAQUELCOUTOH

10
SURPREENDA-SE COM SEU AVANÇO

"Enquanto você viver, continue aprendendo a viver."

SÊNECA[28]

A partir de agora, a responsabilidade é sua. Coloque em prática o que leu e fez sentido para sua vida, ou nada vai mudar. Chega de se cobrar por não estar avançando rápido o suficiente! Você acabou de conhecer um método de crescimento que não exige dar saltos enormes da noite para o dia. Porque o que faz a diferença é aquele 1% a mais que investe em si mesmo com clareza de objetivos e constância, mantendo uma mentalidade forte para garantir a execução diária.

Grandes projetos não ficam prontos em um único dia, assim como uma árvore jamais cresce de uma hora para outra. Você não vê suas raízes se espalhando pelo solo, embora elas estejam lá, trabalhando todo santo dia. O desenvolvimento humano funciona da mesma forma. O efeito de vários 1% pode parecer invisível ou insignificante no começo, só que **o progresso acumulado é bem mais sustentável, criando um impacto significativo na sua vida pessoal e**

---

28 SÊNECA. *In*: PENSADOR. Disponível em: www.pensador.com/frase/ MzM3MTc0Nw/. Acesso em: 5 fev. 2025.

AO LONGO DO TEMPO, ESSES PEQUENOS PASSOS SE ACUMULAM E SE TORNAM UMA **BASE SÓLIDA** PARA UM FUTURO MELHOR.

EFEITO 1%
@RAQUELCOUTOH

profissional. Ao longo do tempo, esses pequenos passos se acumulam e se tornam uma base sólida para um futuro melhor.

Ninguém quer ser como uma plantinha que cresce subitamente e logo perece, concorda? Por isso, da próxima vez que você sentir que não está evoluindo tão rápido, lembre-se de que dispõe de um método para se desenvolver sem se "machucar" com qualquer salto apressado. Compreendo que o caminho é desafiador, então utilize o foco e a determinação como aliados para se manter firme na superação das barreiras e na concretização de seus objetivos, um a um.

Pronto para começar a construir executando um passo de cada vez? Como estímulo final, sugiro pensar o seguinte: desafios, obstáculos, dificuldades, problemas – ou qualquer outro nome que queira dar –, você sempre vai ter. São parte da vida. Ao enfrentá-los utilizando o poder do 1%, você vai empilhando bons resultados. E, quanto mais faz isso, mais confiante fica, mais conhecimento em ação acumula e mais fácil torna a execução. Por consequência, esse processo diminui seu estresse.

> **SIM, O PROGRESSO ACUMULADO TAMBÉM É MENOS ESTRESSANTE, PORQUE VOCÊ JÁ SABE COMO LIDAR COM VÁRIOS DESAFIOS E AFINS. ÀS VEZES, PRECISA BUSCAR UMA NOVA SOLUÇÃO. SÓ QUE TEM UMA BASE CONSISTENTE, CONQUISTADA NO DIA A DIA POR MÉRITO PRÓPRIO.**

É como estar diante de uma escada e saber que pode ir subindo os degraus um a um até chegar lá no alto, em segurança. Quando você só enxerga algo grande para fazer, tende a ficar nervoso, ansioso, achando que não tem jeito e que não tem como. Agora divida em pequenos passos ou metas e vá executando... Muitas vezes entregará até antes do prazo e muito bem-feito, surpreendendo-se com sua performance.

Foi assim comigo em relação a este livro. Quando ainda era uma vontade enorme, me parecia um sonho inalcançável. Decidi dar o primeiro passo, que foi conhecer como funcionava o processo de escrita e publicação. Troquei mensagens virtuais com um autor que admiro, e ele me apresentou à Editora Gente, que me orientou sobre as etapas necessárias. Eu fui cumprindo uma a uma, com comprometimento (meu e de todos os profissionais envolvidos), e empilhando bons resultados.

Fiquei tão surpresa comigo mesma quando, em menos de um ano, já estava executando este penúltimo capítulo! Também feliz e realizada, como eu quero que você fique quando empilhar muitos resultados incríveis na sua vida. A propósito, já fez seu 1% hoje? Corra que ainda dá tempo...

O Efeito 1% nas maratonas

Uma das maiores surpresas que eu tive comigo mesma foi conseguir cruzar a linha de chegada em três das seis maratonas mais importantes do mundo, sem ser uma corredora profissional. Ainda mais porque, até resolver treinar seriamente, eu criticava muito quem participava dessas provas por prazer. Hoje sei que só estava mascarando minha crença de não ser capaz de fazer isso, embora desejasse. O que me faltava era a persistência necessária, a construção do 1% que todos os corredores (amadores ou profissionais) fazem durante sua preparação. Na minha cabeça, queria

A PROPÓSITO, JÁ FEZ SEU 1% HOJE? CORRA QUE AINDA DÁ TEMPO...

EFEITO 1%
@RAQUELCOUTOH

começar já cumprindo um percurso grande. Cansava no meio, desistia e chamava essa prática de "maior besteira do mundo".

Até que, em 2016, incentivada por alguns amantes da corrida, arrumei um professor. Ele era maratonista, estava inscrito na maratona de Berlim (42,195 quilômetros de percurso bem plano, com muitos trechos retos, em comparação com o de outras maratonas) e contou que ia com uma turma bacana e tal... Como sou movida a desafios, falei: "Eu também vou". Na época, eu não corria nem 5 quilômetros e passei a treinar três vezes por semana, sem desculpas. Quando chovia, eu brincava: "A gente vai suar do mesmo jeito, qual é a diferença de corrermos molhados?". Quando o sol estava forte demais, ia para a esteira.

Trabalhei a mente, pensando: *Eu tenho um objetivo, que é cumprir a prova, então preciso treinar para isso*. Só que, nesse meio-tempo, tive alguns problemas físicos decorrentes da minha ânsia de obter resultados rápidos. Parava, cuidava e voltava. Completei a maratona de Berlim, em setembro de 2016, em quatro horas. Também me inscrevi nas maratonas de Chicago, em outubro de 2017, e de Tóquio, em fevereiro de 2018. A corrida virou rotina na minha vida, assim como os problemas físicos, provocados pelos treinos intensos, e as sessões de fisioterapia.

Em Chicago, fazia muito calor. Fiz o percurso aos trancos e barrancos, repetindo mentalmente: *Você vai completar a prova*. Mesmo assim, ao terminar, vi uma conhecida brasileira passando mal e fui cuidar dela para depois ir embora. De volta ao Brasil, meu terceiro ciclo de treinamento foi marcado por muita dor, especialmente no quadril. Procurei camuflar levando um arsenal de remédios na mala para Tóquio e completei mais essa prova.

O que aconteceu? Na hora H, o corpo aquece e a gente esquece a dor. Horas depois, no avião, me lembrei dela, pois não conseguia pôr os pés no chão. Saí do voo em uma cadeira de rodas. A tomografia revelou que o osso da bacia estava trincado, bem na ligação com o fêmur. O médico abriu o jogo: ele me ajudaria a lidar com o problema, só que continuar a correr demandaria demais do meu corpo e da minha saúde. Pesei os prós e os contras e decidi que, se ia me dar mais dor do que prazer, deveria parar de correr e só ir à academia, hábito que sempre me fez muito bem.

Meu principal objetivo não era chegar em primeiro lugar, e sim superar os próprios limites e completar cada prova. E eu consegui! Admito que estou pensando em voltar para cumprir as três World Marathon Majors (WMM) que ficaram faltando – de Boston, de Londres e de Nova York. Dessa vez, prometo conciliar melhor o desafio de correr com a preservação da saúde, que é meu pilar primordial, adequando a intensidade dos treinos para evitar me machucar. Para isso, basta que eu siga meu próprio método, fazendo uma construção de 1% de progresso diário.

Eu já tinha certa disciplina, e a corrida me ensinou muito mais sobre essa habilidade por tornar visível a evolução com os treinos. Levei para minhas mentorias individuais e os treinamentos que ministro em empresas esse e outros aprendizados, como constância e superação, que são as bases para o sucesso pessoal e profissional. Fiquei ainda mais cuidadosa com meu corpo, dormindo bem, me alimentando corretamente, tendo tolerância zero com bebida alcoólica. Hoje, ao olhar para minha história, vejo um empilhamento de bons resultados e escolho diariamente quem quero ser.

Eu sou capaz de transformar minha realidade e sei que você também é. Sabe por quê? Porque nós, seres humanos, somos incríveis e alcançamos coisas incríveis. Você não precisa de extremos para sair da sua zona de conforto. A persistência de avançar sempre 1% vai impulsionar seu progresso, mesmo quando as coisas ficarem difíceis. E cada esforço contará para que você conclua suas provas!

CONCLUSÃO:
TODO DIA É DIA DE CELEBRAR A VIDA

Há uma maneira acessível de celebrar a vida, tornando o início do seu dia 1% mais inspirador: olhando para o céu. Assim que acordar, vá para uma janela e se encante com a imensidão azul, o movimento das nuvens, o sol despontando. E mesmo que o astro-rei não apareça, ainda assim é o céu expandindo seu horizonte. Pode ser até que você tenha a sensação de estar sendo olhada de volta pelo universo. Maravilha! Eu sinto isso, me conecto e automaticamente sinto vontade de agradecer por tudo nesta minha vida.

Eu saio de casa logo após o amanhecer, às 5h20, e vou caminhando até a academia. Durante o trajeto, repito meu mantra de agradecimento: "Obrigada, obrigada, obrigada..." pela oportunidade de praticar mais 1% nesse dia que começa. E já vou mentalizando o que farei na direção dos meus objetivos. Dá um pouco de trabalho me concentrar nessa visualização. Por ser bem cedo, pego força e inspiração desse céu que acabou de se transformar de novo. Que estava noturno e clareou para mim.

Fique à vontade para dizer "obrigado" quantas vezes quiser, desde que integre pensamento, sentimento e ação. Ler em alguns livros e artigos que Albert Einstein repetia cem vezes por dia me faz pensar que o universo quis retribuir a gratidão desse cientista brilhante revelando vários de seus mistérios. O que a gente pensa, atrai; e quando somos gratos pelo que conquistamos, geramos uma conexão transcendental que trabalha a nosso favor.

Façamos a nossa parte, então, lembrando sempre de agradecer. Cada vitória que temos, por menor que seja, traz propósito e realização. As experiências desafiadoras são professores implacáveis, que nos ensinam sobre força, paciência e a importância de seguir em frente, mesmo quando o futuro parece incerto.

SEJAMOS INFINITAMENTE GRATOS TAMBÉM ÀS PESSOAS QUE CRUZAM NOSSO CAMINHO, TRAZENDO LUZ OU NOS ENSINANDO LIÇÕES VALIOSAS POR MEIO DA ADVERSIDADE. CADA RELACIONAMENTO OU INTERAÇÃO ENRIQUECE NOSSA TRAJETÓRIA E CONTRIBUI PARA NOSSO CRESCIMENTO.

A ÚLTIMA PÁGINA

Este livro contribuiu para meu crescimento além do que eu imaginava. A mentalidade forte me fez derrubar barreiras e conquistar esse sonho de ser autora. Agora que estou prestes a virar a última página, sinto meu coração transbordando de gratidão por estar viva e ter a oportunidade de continuar escrevendo uma história de evolução e impactando positivamente o mundo ao meu redor.

Sei que, independentemente do que o futuro me reserva, estou preparada para encarar cada momento com a sabedoria adquirida ao longo dos anos. Aqui estou, de braços abertos para o que está por vir, pronta para viver intensamente cada dia dessa nova fase de escritora. Que este dia e os próximos sejam repletos de novas aventuras, aprendizados e parcerias poderosas. Que eu possa abraçar cada experiência com coragem e buscando sempre meu Efeito 1%.

A você, que esteve comigo extraindo o melhor de cada página, partilhando este sonho realizado, desejo que:

- concentre-se mais em você;
- escreva uma história diferente a partir de agora;
- viva suas próprias aventuras;
- desconecte-se do enredo alheio e mergulhe na construção do seu;
- trace suas metas com clareza;
- foque as escolhas que moldarão a narrativa que deseja para si;
- tenha resultados extraordinários.

A vida é uma obra que erguemos com cada página virada e cada decisão tomada. Parabéns por embarcar nesta jornada de autoconhecimento e desenvolvimento. Com uma mentalidade forte desenvolvida, tenho certeza de que você avançará diariamente até alcançar vários sonhos. Todo dia é dia de viver...

Receba a minha gratidão!

Este livro foi impresso
pela gráfica Santa Marta em
papel pólen bold 70 g/m²
em maio de 2025.